법 화 경

제 3 책

김현준 옮김

법화경을 독송하면 제불께서 지켜주어
한량없는 공덕과 복 안정된 삶 얻게 되고
원하는 바 뜻과 같이 만족스레 성취하며
마침내는 신통력과 무생법인 증득하리

효림

법 화 경

제 3 책

차 례

제3책

제5권
제16 여래수량품 7
제17 분별공덕품 22

제6권
제18 수희공덕품 43
제19 법사공덕품 52
제20 상불경보살품 71
제21 여래신력품 81
제22 촉루품 89
제23 약왕보살본사품 93

제7권
제24 묘음보살품 113
제25 관세음보살보문품 126
제26 다라니품 143
제27 묘장엄왕본사품 151
제28 보현보살권발품 164

용어 풀이 176

제1책

이 법화경을 읽는 분에게 ... 6
법화경 독송 방법 8

제1권
제1 서품 15
제2 방편품 42

제2권
제3 비유품 77
제4 신해품 123

제3권
제5 약초유품 149
제6 수기품 162

제2책

제3권
제7 화성유품 7

제4권
제8 오백제자수기품 49
제9 수학무학인기품 65
제10 법사품 74
제11 견보탑품 89
제12 제바달다품 107
제13 지품 120

제5권
제14 안락행품 131
제15 종지용출품 155

법화경 독송 발원문

시방세계에 가득하신 불보살님이시여 감사합니다.

부처님 잘 모시고 법화경의 가르침을 잘 받들며 살겠습니다. (3번)

개경게

가장높고 심히깊은 부처님법문
백천만겁 지나간들 어찌만나리
저희이제 보고듣고 받아지녀서
부처님의 진실한뜻 깨치오리다

開經偈

무상심심미묘법
無上甚深微妙法
백천만겁난조우
百千萬劫難遭遇
아금문견득수지
我今聞見得受持
원해여래진실의
願解如來眞實意

開法藏眞言
개법장진언 옴 아라남 아라다 (3번)

南無 一佛乘最上法門 妙法蓮華經
나무 일불승최상법문 묘법연화경 (3번)

제16 여래수량품
第十六 如來壽量品

그때 부처님께서 여러 보살과 모든 대중에게 이르셨다.

"선남자들아, 너희는 마땅히 진실을 밝히는 여래의 성실한 말을 믿고 이해해야 하느니라."

그리고는 다시 이르셨다.

"너희는 마땅히 진실을 밝히는 여래의 성실한 말을 믿고 이해해야 하느니라."

그리고 또다시 이르셨다.

"너희는 마땅히 진실을 밝히는 여래의 성실한 말을 믿고 이해해야 하느니라."

이에 미륵보살을 선두로 한 보살 대중들은 모두 합장하고 부처님께 아뢰었다.

"세존이시여, 간절히 원하오니 설하여 주옵소서. 저희 모두는 반드시 부처님의 말씀을 믿고 받들겠나이다."

이와 같이 세 번을 아뢴 다음 또 다시 청하였다.

"간절히 원하오니 설하여 주옵소서. 저희 모두는 반드시 부처님의 말씀을 믿고 받들겠나이다."

이때 세존께서는 모든 보살이 세 번씩이나 청하고도 그치지 않는 것을 보고 이르셨다.

"너희는 여래의 비밀스러운 신통력에 대해 잘 들을지니라. 일체 세간의 천인과 인간과 아수라의 무리들은 모두 '금생에 석가모니불이 석가족의 궁궐에서 나와 가야성에서 멀지 않은 도량에 앉아 아뇩다라삼먁삼보리를 얻었다'고 말하고 있다. 그러나 선남자들아, 실로 나는 무량무변 백천만억 나유타 겁 전에 성불하였느니라.

비유하면 어떤 사람이 5백천만억 나유타 아승지에 이르는 삼천대천세계를 모두 부수어 티끌로 만든 다음, 동쪽으로 5백천만억 나유타 아승지의 국토를 지날 때마다 티끌 하나를 떨어뜨리되, 이와 같이 동쪽으로 계속 가면서 그 가루를 다 떨어뜨렸다면, 선남자들아 너희는 어떻게 생각하느냐? 그 모든 세계들의 수를 생각으로나 계산으로 알아낼 수 있겠느냐?"

　　미륵보살 등이 부처님께 아뢰었다.

　　"부처님이시여, 그 모든 세계들은 한량없고 가이없어 산수로 계산할 수가 없고, 마음의 힘으로도 알 수가 없나이다. 또 일체 성문·벽지불의 무루지(無漏智)로 생각하여도 그 수를 알 수 없으며, 불퇴전(不退轉)에 머물러 있는 저희들 역시 도저히 알 수가 없나이다. 세존이시여, 그 세계들은 무량하고 끝이 없나이다."

　　이에 부처님께서 대보살들에게 이르셨다.

"선남자들아, 이제 너희에게 분명히 이르노니, 티끌을 떨어뜨린 곳과 떨어뜨리지 않은 곳 모두를 합친 세계들을 다 티끌로 만들어서 그 티끌 하나를 1겁으로 친다 해도, 내가 성불한 때는 이보다 백천만억 나유타 아승지겁이나 더 오래 되었느니라.

그때부터 나는 늘 이 사바세계에 있으면서 설법하고 교화하였으며, 또 다른 백천만억 나유타 아승지의 국토에서도 중생들을 인도하여 이롭게 하였느니라.

선남자들아, 그러는 동안 나는 연등불(燃燈佛)을 비롯한 여러 부처님에 대해 설하였고, 그 부처님들이 열반에 드시는 것도 설하였나니, 이는 모두 중생교화를 위해 방편으로 설한 것이니라.

선남자들아, 만일 어떤 중생이 나에게 찾아오면, 나는 불안(佛眼)으로 그의 신심(信心)과 근기(根機)의 날카롭고 둔함을 관찰하여 제도해야 할 바를 따라 다양하게 설하나니, 각각의 세계에서 혹은 이름을 다르게 설하고 나이를 다르게 설하고 열반에 든다고 설하는 등, 갖가지 방편으로 미묘한 법을 설하여 중생들로 하여금 환희심을 발하게 만드느니라.

선남자들아, 작은 법을 즐기고 덕이 박하고 번뇌가 많은 중생들을 보게 되면, 여래는 그들을 위해 '나는 젊어서 출가하여 아뇩다라삼먁삼보리를 이루었다'고 설했느니라.

사실 내가 성불한 것은 아주 오래전의 일이지만, 중생들을 교화하여 불도를 깨닫게 하고자 방편으로 이와 같이 설한 것이니라.

선남자들아, 여래가 설한 경전은 모두 중생을 해탈시키기 위한 것이니, 어떤 때는 자신의 모습을 설하고 어떤 때는 다른 부처님의 모습을 설하며, 어떤 때는 자신의 모습을 보여 주고 어떤 때는 다른 부처님의 모습을 보여 주며, 어떤 때는 자신의 일을 보여 주고 어떤 때는 다른 부처님의 일을 보여주나니, 그 설한 바는 모두 진실할 뿐 헛됨이 없느니라.

그 까닭이 무엇인가? 여래는 본래의 모습이 태어남도 죽음도 아니요, 사라짐도 나타남도 아니요, 윤회도 열반도 아니요, 참됨도 헛됨도 아니요, 같은 것도 다른 것도 아닌 삼계(三界)의 모습을 있는 그대로 꿰뚫어 보기〔如實知見〕때문이니라.

중생이 삼계를 보는 것과 여래가 삼계를 보는 것이 다르나니, 여래는 밝게 보아 그릇됨이 없느니라. 그러나 중생은 갖가지 성품〔種種性〕과 갖가지 욕망〔種種欲〕과 갖가지 행위〔種種行〕와 갖가지 기억과 분별〔種種憶想分別〕을 가지고 있느니라.

여래는 이러한 중생들에게 여러 가지 선근(善根)이 자라나도록 하기 위해 갖가지 인연과 비유와 적절한 말로 다양하게 설법하면서, 중생 교화의 불사를 하기를 잠시도 쉰 적이 없었느니라.

이와 같이 내가 성불한 지는 매우 오래 전이

요, 수명이 무량 아승지겁이기에 이 세상에 항상 머물러 멸하지 않았느니라.

선남자들아, 내가 옛적에 보살도를 행하여 이룬 수명은 아직도 다하지 않았나니, 위에서 말한 수명의 두 배나 남아 있느니라. 그러므로 멸도할 까닭이 없으나 중생들을 교화하기 위한 방편으로 '장차 멸도하리라' 하는 것이니라.

그 까닭이 무엇인가? 만일 여래가 세상에 오래 머물 것이라고 말하면, 덕이 적은 사람들이 선근을 심지 않아 빈궁하고 천박하고 오욕(五欲)에 탐착하고 분별과 망상의 그물에 걸리게 되기 때문이니라. 또 여래가 이 세상에 영원히 머무는 것을 보면 곧 교만하고 방자하고 싫증내고 게을러져서, 여래를 만나기 어렵다는 생각과 여래를 공경하는 마음을 내지 않을 것이기 때문이니라.

그러므로 여래는 방편으로, '비구들아, 부처님들이 세상에 출현하심은 참으로 드문 일이

다'라고 설하나니, 박덕한 사람은 무량 백천만억 겁을 지난다 해도 부처님을 겨우 만나볼 수 있거나 거의 만나볼 수 없느니라.

이러한 연고로 나는 '비구들아, 여래를 만나기가 심히 어렵다'고 설하나니, 이 말을 들은 중생은 부처님 만나기가 어렵다는 생각을 하여, 마음으로 부처를 사모하고 갈망하면서 선근을 심게 되느니라. 그러므로 여래는 실로 멸도하지 않지만 '멸도한다'고 말하는 것이니라.

선남자야, 제불여래의 법이 모두 이와 같나니, 중생을 제도하기 위한 것이요, 진실할 뿐 헛됨이 없느니라. 비유를 들리라.

⑦ 의자유醫子喩

어떤 훌륭한 의사가 있었으니, 지혜롭고 총명하여 처방을 잘 해주고 좋은 약을 만들어 여러 가지 병을 잘 치료하였으며, 아들 또한 많아 십 명 이십 명 내지 백 명에 이르렀느니라.

어느 날 아버지가 일이 있어 먼 타국으로 간 사이에 여러 아들들이 실수로 독약을 먹고 땅바닥에 쓰러져 몸부림치며 괴로워했느니라. 때마침 그 아버지가 집에 돌아와서 보니, 이미 본심(本心)을 잃은 아들도 있고 본심을 잃지 않은 아들도 있었으나, 아버지를 보고는 모두들 크게 기뻐하여 무릎을 꿇고 절을 하며 안부를 물었느니라.

'편안히 다녀오셨습니까? 저희들이 어리석어 독약을 잘못 먹었으니 치료를 해 주십시오. 제발 목숨을 살려 주십시오.'

자식들의 고통이 어떠한지를 알고 있는 아버지는 처방에 따라 빛깔도 좋고 향도 좋고 맛도 좋은 여러 가지 약초를 구하여, 돌절구에 넣어 찧고 체로 쳐서 환(丸)을 지어 아들들에게 주며 말했느니라.

'이 약은 빛깔도 좋고 향기도 좋고 맛도 있으니 어서 먹어라. 차츰 고통이 없어지고 다시

는 아프지 않을 것이다.'

그 모든 아들 중에 본심을 잃지 않은 아들들은 이 약의 빛깔과 향기가 좋은 것을 보고 곧바로 먹어 병이 다 나았으나, 본심을 잃은 아들들은 아버지가 돌아온 것을 보고 기뻐하면서 문안을 드리고 치료해 줄 것을 사정하였으면서도 약은 먹으려 들지 않았느니라. 왜냐하면 독기가 몸 속 깊이 퍼져 본심을 잃어버린 까닭에 빛깔 좋고 향기 좋은 그 약을 좋지 않게 느꼈기 때문이니라.

이에 아버지는 생각했느니라.

'이 아들들은 참으로 불쌍하구나. 나를 보고 기뻐하며 치료해 달라고 했으면서도, 독약이 퍼져 마음이 뒤집혀서 이 좋은 약을 먹으려 하지 않다니. 내 이제 방편을 베풀어 이 약을 먹게 하리라.'

그리고는 이렇게 말했느니라.

'너희는 마땅히 알아라. 나는 이미 노쇠하여

죽을 때가 다 되었다. 이 좋은 약은 여기 놓아 둘테니 안심하고 먹어라. 꼭 낫게 될 것이다.'

이렇게 타일러 놓고 아버지는 다른 나라에 가서 아들들에게 사람을 보내어, '너희 아버지는 돌아가셨다'고 전했느니라.

이때 그 자식들은 아버지가 세상을 떠나셨다는 말을 듣고 몹시 근심을 하며 생각했느니라.

'만일 아버지께서 계신다면 우리를 불쌍히 여겨 도와주고 보호해 주시련만, 이제 우리를 버려두고 타국에서 돌아가셨으니, 외로운 우리는 믿고 의지할 데가 없구나.'

그리고는 늘 슬퍼하며 지내다가 돌연 본심을 되찾아, 그 약이 빛깔도 향기도 맛도 좋음을 알고 먹으니, 독약의 기운이 사라져 병이 완쾌되었으며, 아버지는 아들들의 병이 다 나았다는 소식을 듣고 다시 돌아와서, 아들들에게 자신의 살아있는 모습을 보여주었느니라.

선남자들아, 너희들의 생각은 어떠하냐? 과연 이 의사에게 거짓말을 하였다고 탓할 수 있겠느냐?"

"아니옵니다, 세존이시여."

부처님께서 이르셨다.

"나 또한 이와 같아서, 부처를 이룬 지가 무량무변 백천만억 나유타 아승지 겁 전이지만, 중생을 위하는 까닭에 방편으로 '마땅히 멸도하리라' 말하나니, 이러한 나에게 '거짓말을 한 허물이 있다'고 분명하게 말할 수 있는 사람은 없느니라."

세존께서 거듭 게송으로 이르셨다.

내가 부처 이룬지를 겁의 수로 따져보면
한량없는 백천만억 아승지겁 넘느니라
그 이후로 나는 줄곧 가르침을 설하여서
무량 중생 교화하여 불도(佛道) 속에 들게 했고
중생 제도 하기 위해 방편 열반 보였지만

실은 멸도(滅度)
하지않고
어느때나
신통으로
늘여기서
설법했고
이자리에
있었노라
전도(顚倒)가된
중생들은
바로옆도
못 보기에
내가 멸도
했다하면
사리에다
공양하며
사모하고
갈망하는
마음다시
발하여서
깊은믿음
일으키고
바른뜻을
회복하여
일심으로
부처님을
뵈옵고자
발원하며
몸과 목숨
아끼지를
않게되는
바로 그때
영축산에
모여드는
대중에게
말했노라
'나는항상
여기있어
멸도하지
않았건만
방편으로
멸도함과
멸도않음
보였노라'
다른나라
중생들도
법을 믿고
공경하면
내 그곳에
나타나서
위없는법
설하건만
너희들은
이를몰라
내멸도만
말하노라
나는중생
고통 속에
빠져있음
볼지라도
즉시모습
보이잖고
갈망하고
사모하는
마음품게
한다음에
나타나서
설법했다
이런신통
발휘하며
아승지겁
오랜세월

영축산과 여러 곳에 늘 머물러 있었노라
중생세계 겁(劫)다 할 때 큰 불 일어 타오르나
나의 땅은 안온하여 천인 인간 가득하다
동산 수풀 여러 집들 보배로써 꾸며졌고
꽃과 열매 가득하여 중생들이 즐겨 노니
여러 천인 북을 치고 악기들을 연주하며
부처님과 대중에게 만다라꽃 비 내린다
나의 청정 불국토는 훼손됨이 없건마는
중생들이 보기에는 모두가 다 타버려서
근심 걱정 두려움이 가득한 듯 보이노라
죄가 많은 이런 중생 악한 업의 인연으로
아승지겁 지나도록 삼보(三寶)이름 못 듣지만
모든 공덕 잘 닦아서 유화(柔和)하고 정직한 이
이곳에서 설법하는 나를 볼 수 있느니라
그들에겐 '부처 수명 무량하다' 설하지만
부처님을 오랜만에 만나 뵙는 이들에겐
'부처님을 친히 뵙기 어렵다'고 하느니라
나의 지혜 이와 같고 광명 또한 한없으며

내수명의 　무량함은 　오래닦은 　결과이다
지혜로운 　너희들은 　모든의심 　끊을지니
부처말씀 　진실할뿐 　헛됨전혀 　없느니라
좋은방편 　지닌의사 　미친자식 　구하고자
실은살아 　있으면서 　'죽었노라' 　말을해도
거짓말을 　하였다는 　죄를묻지 　못하듯이
나역시도 　이세간의 　자비로운 　아버지로
망상속에 　빠진중생 　고난에서 　구하고자
실은항상 　머물지만 　'멸도한다' 　말하노라
내가항상 　있다는것 　중생들이 　보게되면
교만함과 　방자함과 　게으름을 　부리면서
오욕락에 　깊이빠져 　삼악도로 　나아간다
나는항상 　저중생들 　행하는도 　다알기에
제도할바 　근기따라 　갖가지로 　설법하되
어찌하면 　저중생을 　무상도(無上道)에 　들게하여
속히성불 　시킬건가 　항상생각 　하느니라

〈제16 여래수량품 끝〉

제17 분별공덕품
第十七 分別功德品

   그때 세존의 수명이 이와 같이 길다는 이야기를 들은 그 모임속의 무량무변 아승지 중생들은 큰 이익을 얻었다.
   세존께서 다시 미륵보살마하살에게 이르셨다.
   "아일다야, 내가 여래의 수명이 한없이 길다는 것을 설할 때 6백8십만억 나유타 항하사만큼 많은 중생들은 무생법인(無生法忍)을 얻었으며, 또 그 수의 1천 배나 되는 보살마하살은 '들은 가르침을 명심하여 잊지 않는 문지다라니문(聞持陀羅尼門)'을 얻었느니라. 그리고 일세계(一世界)의 티끌 수만큼 많은 보살마하살은 자유자재하게 설법하는 능력〔요락(樂)

說無礙辯才(설무애변재)〕을 얻었으며, 다시 일세계의 티끌 수만큼 많은 보살마하살은 '공의 도리를 깨닫는 백천만억 선다라니(旋陀羅尼)'를 얻었느니라.

또 삼천대천세계의 티끌 수만큼 많은 보살마하살은 능히 불퇴전의 법륜을 굴릴 수 있게 되었고, 2천개 중천세계(中千世界)의 티끌 수만큼 많은 보살마하살은 능히 청정한 법륜을 굴릴 수 있게 되었으며, 소천세계(小千世界)의 티끌 수만큼 많은 보살마하살은 이 세상을 일곱 번 오간 다음의 여덟 번째 생에 아뇩다라삼먁삼보리를 얻을 수 있게 되었느니라.

또 네 사천하(四天下)의 티끌 수만큼 많은 보살마하살은 이 세상을 세 번 오간 다음의 네 번째 생에 아뇩다라삼먁삼보리를 얻을 수 있게 되었고, 세 사천하의 티끌 수만큼 많은 보살마하살은 이 세상을 두 번 오간 다음의 세 번째 생에 아뇩다라삼먁삼보리를 얻을 수 있게 되었고, 두 사천하의 티끌 수만큼 많은 보살마하살은 이 세상을 한 번 오간 다음의 두 번째 생에 아뇩다라삼먁삼보리를 얻을 수 있게 되었고, 한 사천하의 티끌 수만큼 많은 보살마하살은 다음 생에 아뇩다라삼먁삼보리를 얻을 수 있게 되었으며, 일세계를 여덟 개 합한 팔세계(八世界)의 티끌 수만큼 많은 보살마하살은 아뇩다라삼먁삼보리를 얻고자 하는 마음을 일으켰느니라."

    부처님께서 수많은 보살마하살이 큰 법의 이익을 얻었다고 설하실 때, 허공에서 만다라꽃과 마하만다라꽃을 비오듯이 내려, 한량없는 백천만억의 보배나무 아래 사자좌에 앉아 계신 부처님들과 칠보탑 안의 사자좌에 앉아 계신 석가모니불과 오래 전에 멸도하신 다보여래께 꽃비를 뿌렸으며, 대보살들과 사부대중에게도 꽃비를 뿌렸다. 그리고 전단향 가루와 침수향 가루도 비 오듯이 뿌렸다.

    또 허공에서는 하늘의 북이 저절로 울려 그

깊고도 묘한 소리가 멀리까지 퍼졌으며, 천 가지나 되는 하늘 옷이 비 오듯이 내렸다. 또 진주영락·마니주영락·여의주영락 등 갖가지 영락을 탑이 있는 허공과 지상의 팔방(八方)을 합친 아홉 방위에 가득히 드리웠으며, 수많은 보배 향로에서는 값으로 따질 수 없는 귀한 향이 타올랐고, 그 향기가 대중속으로 고루 퍼지면서 공양하였다.

또 한분한분 부처님들 위에는 보살들이 깃발과 천개를 들고 차례로 줄지어 서서 범천에까지 이르렀는데, 보살들은 아름다운 음성으로 부처님들을 찬탄하는 노래를 끊임없이 불렀다.

그때 미륵보살마하살이 자리에서 일어나 오른쪽 어깨를 드러내고 부처님을 향해 합장한 채 게송으로 아뢰었다.

'세존의 힘 위대하고 수명 한량 없다'하신

이제까지 듣지못한 부처님의 희유법과
사람따라 얻는이익 분별하여 설함 듣고
온몸에서 환희로움 넘쳐남은 물론이요
어떤이는 불퇴전(不退轉)의 높은자리 머무르고
어떤이는 가르침을 기억하는 능력 얻고
어떤이는 자유자재 설법하는 변재 얻고
어떤이는 공의 도리 아는 지혜 얻습니다
대천세계 티끌 수의 많고 많은 보살들은
불퇴전의 법륜 능히 굴릴 수가 있게 되고
중천세계 티끌 수의 많고 많은 보살들은
모두가다 청정법륜 굴릴 수가 있게 되며
소천세계 티끌 수의 많고 많은 보살들은
여덟 생(生)만 지나가면 성불할 수 있나이다
네 사천하(四天下) 세 사천하 두 사천하 보살들은
사생 삼생(四生三生) 이생(二生) 만에 각각 성불 하게 되며
한 사천하 티끌 수의 많고 많은 보살들은
한생만에 부처님의 일체 지혜 얻나이다
이들 모두 불(佛) 수명의 무량하심 듣고 믿어

번뇌없는 청정과보 얻을수가 있었으며
팔세계의(八世界) 티끌만큼 많고많은 중생들도
부처수명 영원함을 듣고나서 깊이믿고
'부처님이 되겠다'는 무상발심(無上發心) 했나이다
세존께서 한량없는 부사의한 법설하여
중생에게 이익주심 허공처럼 끝없으니
하늘에선 만다라의 꽃비들이 내려오고
항하모래 수와같은 한량없는 제석범천
새들처럼 다니면서 전단향과 침향으로
정성다해 부처님께 공양하고 있나이다
허공에는 하늘북이 묘한소리 절로내고
천만가지 하늘옷이 빙빙돌며 내려오고
많은보배 향로마다 아주귀한 향피우니
향기절로 퍼져나가 부처님께 공양하며
수도없는 대보살들 칠보들로 잘꾸며진
높고묘한 억만가지 깃발들과 천개들고
차례차례 줄을서니 범천까지 다다르며
한분한분 제불앞의 보배로된 기둥에다

승리자의　깃발달고　천만가지　게송으로
부처님을　찬탄하니　전에없던　일입니다
부처님의　그수명이　무량하다　말씀듣고
일체모든　중생들이　환희하고　있사오며
부처이름　들은중생　널리이익　얻게되고
일체선근　구족하여　위없는도　익힙니다

그때 부처님께서 미륵보살마하살에게 이르셨다.

"아일다야, 어떤 중생이 여래의 수명이 이와 같이 길고 영원하다는 이야기를 듣고 한 생각만이라도 믿고 이해하게 되면 그가 얻는 공덕은 한량이 없느니라.

만일 선남자 선여인이 아뇩다라삼먁삼보리를 얻고자 반야바라밀(般若波羅蜜)을 제외한 다섯 바라밀인 단바라밀(檀波羅蜜)(보시바라밀)·시라바라밀(尸羅波羅蜜)(지계바라밀)·찬제바라밀(羼提波羅蜜)(인욕바라밀)·비리야바라밀(毗梨耶波羅蜜)(정진바라밀)·선정바라밀(禪定波羅蜜)을 80만억 나유타 겁 동안 행할지라도, 이 공덕은 앞의 공덕의 백분의 일 천분의 일 백천만억분의 일에도 못 미치나니, 숫자나 비유로는 도저히 표현할 수 없느니라.

곧 앞의 공덕을 지닌 선남자 선여인은 아뇩다라삼먁삼보리에서 물러나지 않게 되느니라."

세존께서 거듭 게송으로 이르셨다.

만일어떤 사람있어 부처지혜 구하고자
팔십만억 나유타겁 오바라밀(五波羅蜜) 행하면서
부처님과 연각제자 여러보살 대중에게
좋은음식 좋은의복 좋은침구 제공하고
전단(栴檀)으로 절을짓고 동산숲을 꾸미는등
가지가지 미묘한것 남김없이 보시하되
많은겁을 다채운뒤 불도에로 회향하고
빈틈없이 청정하게 계율모두 지키면서
위없는도 항상구해 부처님께 칭찬받고
인욕행을 잘닦아서 부드러움 얻었기에
나쁜일들 닥쳐와도 마음아니 움직이고

삿된 법에 빠진 이가 교만심을 품고와서
빈정대고 괴롭혀도 능히 참아 이겨내며
뜻과 생각 견고히 해 부지런히 정진하되
한량없는 억겁동안 일심으로 도를 닦고
셀 수 없는 오랜겁을 고요한 곳 머물면서
앉았거나 경행할 때 항상 마음 거둬잡아
공부를 한 공덕으로 여러 선정 이루어서
팔십억만 긴 겁동안 산란 없이 머무르며
일심복을 잘 지키고 가장 높은 도를 구해
일체 지혜 얻는 선정 이룩하게 되었다면
이 사람의 백천만억 오랜겁에 행한 공덕
이미 앞서 설한대로 그지없이 많으니라
그렇지만 선남자나 선여인이 이 법 듣고
나의 수명 무량함을 한순간만 믿는다면
그가 받는 복의 양이 저보다 더 많으니라
조그마한 의심이나 망설이는 생각 없이
잠깐동안 마음 깊이 믿고 받아 들이는 복
이와 같이 한량없고 끝없음을 알지니라

한량없는 세월동안 도를닦는 보살들은
나의수명 길다는말 들어믿고 이해하여
머리위로 법화경을 받들고서 서원한다
'오는세상 장수하며 중생들을 제도하되
여기계신 석가족의 거룩하온 세존처럼
두려움이 전혀없는 사자후를 할것이요
오는세상 모든이의 깊은존경 받으면서
이도량에 머무르며 무량수명 설하리라'
마음깊이 도구하고 정직하고 청정하며
불교법문 많이듣고 본래뜻을 이해하는
이와같은 사람들은 의심품지 않느니라

"또 아일다야, 만일 어떤 이가 부처님의 수명이 아주 길다는 말을 듣고 그 뜻을 잘 이해하면, 이 사람이 얻는 공덕은 한량이 없어서 능히 여래의 위없는 지혜를 일으키게 되느니라. 하물며 이 법화경을 듣고 사람들에게 널리 설해 주거나 스스로 받아 지니거나 남에게 받아 지니게 하거나 스스로 사경하거나 남에게 사경하게 하면서, 꽃·향·영락·깃발·천개·향유(香油)·등불을 법화경에 공양하는 이가 얻는 공덕이랴? 이 사람이 얻는 공덕은 무량무변하여 능히 일체종지(一切種智)를 갖추게 되느니라.

아일다야, 만일 선남자 선여인이 '나의 수명이 아주 길다'는 말을 듣고 마음 깊이 믿고 이해하면, 그 사람은 부처님이 늘 기사굴산(영축산)에 머물면서 대보살들과 성문들에게 둘러싸여 설법하는 모습을 볼 수 있게 되느니라.

또 이 사바세계의 땅이 유리로 되어 있어 평탄하고 반듯하며, 염부단금(閻浮檀金) 줄로 경계선을 표시한 여덟 갈래 길에는 보배나무가 즐비하고, 보배로 지은 집과 누각에 보살들이 살고 있는 모습을 보게 되리니, 만일 이러한 광경을 보게 되면 마땅히 깊이 믿고 이해한 결과임을 알지니라.

또 여래가 열반에 든 뒤에 어떤 이가 이 법

화경을 듣고 비방함 없이 수희하는 마음을 일으키면, 마땅히 알아라. 그는 깊이 믿고 이해할 수 있는 사람이니라. 하물며 이 법화경을 독송하고 수지하는 사람이야 말할 것이 있겠느냐? 이 사람은 여래를 머리 위에 모시고 있는 것과 같으니라.

아일다야, 이러한 선남자 선여인은 따로 나를 위해 탑과 절을 세우거나 승방을 짓거나 비구들에게 의복·음식·탕약·침구를 공양하지 않아도 되느니라. 왜냐하면 이 법화경을 수지독송하는 선남자 선여인은 이미 탑을 세우고 승방을 짓고 비구들을 공양한 것이 되기 때문이니라.

또 여래의 사리를 모신 크고 높은 칠보탑을 범천에까지 이르도록 높이 세우고, 갖가지 깃발과 천개와 보배 방울들을 달고, 꽃과 영락, 가루 향과 바르는 향과 사르는 향을 공양하고, 북을 치고 퉁소·피리·공후를 연주하고,

여러 종류의 춤을 추고 아름다운 음성으로 노래를 하면서 무량 천만억겁 동안 부처님을 찬탄하고 공양하는 것과 같으니라.

아일다야, 만일 내가 열반에 든 다음에 법화경을 듣고 수지하여 스스로 사경하고 남에게 사경토록 하면, 수백 수천 비구들이 거처할 수 있게 동산과 숲과 목욕하는 연못과 경행할 수 있는 길과 참선하는 굴, 의복·음식·침구·탕약 등을 모두 갖추고 붉은 전단나무로 만든 32채의 불전과 승당을 만들되, 그것 백천만억 채를 비구들과 나에게 공양하는 공덕과 같으니라.

그러므로 내가 멸도한 뒤 법화경을 수지독송하고 남에게 설하거나, 스스로 사경하고 남에게도 사경하게 하면서 경전에 공양하면, 따로 탑을 세우거나 승방을 짓거나 비구들에게 공양할 필요가 없다고 말하는 것이다.

하물며 이 법화경을 받아 지니면서 보시·지

계·인욕·정진·선정·지혜의 육바라밀을 겸하여 행한다면 더 말할 것이 있겠느냐? 그 사람의 덕은 가장 높고 한량없고 끝이 없느니라.

마치 허공의 동·서·남·북과 사유(四維)와 상하가 한량없고 끝이 없는 것처럼, 이 사람의 공덕 또한 한량없고 끝이 없어 보다 빨리 일체종지에 이르게 되느니라.

만일 이 법화경을 수지독송하고 남에게 설하거나, 스스로 사경하고 남에게도 사경하게 하는 이는 능히 탑을 세우고 승방을 짓는 이가 될 것이요, 여러 성문 비구들을 공양하고 찬탄하는 이가 되느니라.

또한 백천만억 가지 찬탄하는 방법으로 보살의 공덕을 찬탄하는 이가 되고, 갖가지 인연법으로 법화경의 가르침을 뜻에 맞게 해설할 수 있게 되느니라.

또 계율을 청정하게 지키는 이가 되고, 부드럽고 온화한 이들과 함께 살며, 인욕하여 성냄이 없고, 뜻과 생각이 견고한 이가 되며, 늘 좌선하기를 귀히 여겨 갖가지 깊은 선정을 이루게 되고, 용맹정진하여 갖가지 선법(善法)을 잘 받아 지닐 수 있게 되며, 어려운 질문에 잘 대답할 수 있는 지혜로운 이가 되느니라.

아일다야, 내가 열반에 든 뒤에 선남자 선여인이 이 법화경을 수지독송하게 되면 이와 같은 훌륭한 공덕들을 갖추게 되느니라. 그들은 이미 도량으로 나아가 보리수 아래 앉아 있는 것과 같고, 아뇩다라삼먁삼보리에 가까워졌다는 것을 마땅히 알아야 하느니라.

아일다야, 이러한 선남자 선여인이 앉거나 서거나 거니는 곳이라면 그 어디에든 마땅히 탑을 세워야 할 것이요, 천인과 사람들 모두가 여래의 탑을 대하듯이 공양해야 할 것이니라."

세존께서 거듭 게송으로 이르셨다.

만일 내가	멸도한뒤	법화경을	수지한이
받게되는	무량복(無量福)은	앞서설한	바와같고
모든공양	다행하여	마친것과	같으니라
사리모셔	탑세우되	칠보로써	장식하고
탑꼭대기	높이솟아	범천까지	이르는데
천만억의	보령(寶鈴)달아	묘한소리	내게하고
한량없이	오랜세월	사리탑에	공양하되
꽃과향과	영락들과	하늘옷을	비롯하여
아름다운	음악으로	묘한소리	공양하고
향유등불	두루켜서	밝은빛을	공양하는
모든공덕	다합해야	악한말법	세상에서
법화경을	수지하는	복과같아	지느니라
법화경을	잘지니면	우두전단	향나무로
서른두칸	전당있는	승방들을	마련하여
좋은음식	좋은의복	좋은침구	다갖추고
백천대중	거처하는	꽃동산과	목욕할곳
경행할수	있는곳과	참선하는	선방들을
아름답게	장엄하여	현존하는	부처님께

제17 분별공덕품 · 37

공양하는 공덕들을 모두얻게 되느니라
만일 믿고 이해하며 법화경을 수지하고
독송하고 사경하고 다른이도 사경시켜
사경을한 경전에다 꽃과 향을 뿌리거나
향기로운 기름으로 항상 밝게 불 밝히면
이 공양을 하는이들 한량없는 공덕 얻어
끝이없는 허공처럼 많은 복을 얻느니라
더더욱이 법화경을 일심으로 모시면서
보시지계 인욕정진 선정 등을 함께 닦고
성내지도 아니하고 악한 말도 않으면서
사리탑을 공경하고 비구들께 겸손하며
자만심을 멀리 떠나 지혜롭게 사유하고
난해한 것 물어와도 화를 내지 않으면서
뜻에 맞게 해설하면 그 공덕이 어떠하리
이런 행을 닦는사람 그 공덕이 한없나니
이런 공덕 성취를 한 큰 법사를 보게 되면
하늘 꽃을 뿌려주고 하늘 옷을 입혀주고
부처님을 뵈온 듯이 머리 숙여 예배하며

'머지않아 부처이를 도량으로 나아가서
번뇌없고 집착없는 무루무위(無漏無爲) 법을얻어
천인인간 모두에게 큰이익을 주시리라'
이와같이 생각하며 그법사가 머무르고
경행하고 앉고눕고 법화경을 설한곳에
탑을세워 장식하고 갖가지로 공양하라
이불자가 머무는곳 부처님들 수용(受用)하니
나도또한 그곳에서 앉고눕고 거니노라

〈제17 분별공덕품 끝〉

묘법연화경 제6권

제18 수희공덕품
第十八 隨喜功德品

그때 미륵보살마하살이 부처님께 여쭈었다.
"세존이시여, 선남자 선여인이 이 법화경을 듣고 수희(隨喜)하면 얼마나 많은 복을 받나이까?"
그리고는 다시 게송으로 여쭈었다.

세존께서 멸도한뒤 이경듣고 수희하면
그가받게 되는복이 얼마만큼 크옵니까

부처님께서 미륵보살에게 이르셨다.
"아일다야, 예를 들겠노라. 여래가 멸도한 다음에 비구·비구니·우바새·우바이, 지혜 있는 어른과 아이가 법화경을 듣고 수희하면서 법회장을 나와, 승방이나 한적한 곳·도시·시골·바닷가·들판 등으로 가서 자신이 들은 것을 부모·친척·스승·착한 벗·선지식 등에게 능력껏 설하였느니라. 그리고 그에게서 설법을 들은 이들도 수희하면서, 다시 다른 곳에 가서 그 가르침을 전하고, 그 가르침을 들은 이들 또한 수희하면서 다시 다른 이들에게 전하였으며, 이렇게 거듭 전하여 50번째 사람에게 이르렀느니라.

아일다야, 이 50번째 선남자 선여인의 수희공덕에 대해 말할 것이니 잘 듣도록 하여라.

만일 4백만억 아승지 세계의 육도(六道) 중생들, 곧 난생(卵生)·태생(胎生)·습생(濕生)·화생(化生)과 형체 있는 유형(有形)중생, 형체 없는 무형(無形)중생, 의식(意識) 있는 유상(有想)중생, 의식 없는 무상(無想)중생, 의식이 있는 것도 의식이 없는 것도 아닌 비유상비무상(非有想非無想)중생, 발이 없는 중생, 두 발 가진 중생, 네 발 가진 중생, 발이 많은 중생들 모두에게 어떤 사람이 복을 구하기 위해 그들이 원하는 대로 오락기구 등을 공급하되, 그 하나하나의 중생에게 염부제(閻浮提)에 가득 찰 만큼의 금·은·유리·자거·마노·산호·호박 등 갖가지 진귀하고 묘한 보물과 코끼리·말·수레, 칠보로 지은 궁전과 누각을 80년 동안이나 계속 보시한 다음 생각하였느니라.

'나는 그들이 원하는 모든 오락기구 등을 다 보시하였다. 그러나 이 중생들의 나이가 이미 여든이 넘어 주름이 많고 백발이 되었으니 머지않아 죽게 될 것이다. 나는 이제부터 불법(佛法)으로 그들을 가르쳐 인도하리라.'

그리고는 곧 중생들을 모아 불법을 펴서 교화하고 가르치고 이익 되게 하고 기쁘게 하여, 모두에게 수다원도(須陀洹道)·사다함도(斯陀含道)·아나함도(阿那含道)·아라한도(阿羅漢道)를 일시에 얻게 하고, 온갖 번뇌를 다 끊고 선정에 깊이 들어 자재로움과 팔해탈(八解脫)을 얻게 하였다면, 너희들은 어떻게 생각하느냐?

이 큰 시주(施主)가 받는 공덕이 많겠느냐 적겠느냐?"

미륵보살이 부처님께 아뢰었다.

"세존이시여, 이 사람의 공덕은 매우 많아서 한량없고 끝이 없나이다. 이 시주가 그 중생들에게 물질적으로 보시한 것만 하여도 공덕이 무량한데, 하물며 그들로 하여금 아라한과까지 얻게 함이겠습니까?"

부처님께서 미륵보살에게 이르셨다.

"내 지금 너에게 분명히 말하노라. 이 사람이 갖가지 물질을 4백만억 아승지 세계에 사는 육도 중생들에게 보시하고 또 그들로 하여금 아라한과를 얻게 한 공덕은, 50번째 사람이 법화경의 한 게송을 듣고 수희한 공덕의 백천만억분의 일에도 미치지 못하나니, 그 공덕의 차이는 계산을 하거나 비유로는 결코 알 수가 없느니라.

아일다야, 이 50번째 사람이 법화경을 듣고

수희한 공덕도 끝이 없고 가이없는 아승지와 같거늘, 하물며 법회에서 최초로 법화경을 듣고 수희한 이의 공덕이랴? 그 복은 너무나 훌륭하여 도저히 비교할 수가 없느니라.

또 아일다야, 어떤 사람이 법화경을 듣고자 승방으로 나아가 앉아서든 서서든 잠깐이라도 듣고 받아 지니면, 이 인연 공덕으로 다시 태어날 때는 가장 좋고 아름다운 코끼리 또는 말이 끄는 수레나 진귀한 보배로 된 가마를 타고 천궁에 오르게 되느니라.

또 어떤 사람이 법화경을 설하는 곳에 앉아 있다가 찾아온 사람에게 앉아서 듣도록 청하거나 자기의 자리를 나누어 앉게 하면, 이 사람은 그 공덕으로 다시 태어날 때 제석천의 자리나 범천왕의 자리 또는 전륜성왕의 자리에 앉게 되느니라.

아일다야, 또 어떤 사람이 '법화경을 설하니 함께 가서 듣자'고 권하여 그 사람으로 하여

금 잠시라도 법화경을 듣게 한다면, 그 공덕으로 다음 생에 다라니를 얻은 보살들이 있는 곳에 태어나느니라. 또한 그는 근기가 예리하고 지혜로우며, 백천만번 태어나도 벙어리가 되지 않고 입에서 냄새가 나지 않으며, 혀나 입에 병이 없으며, 이는 검지도 누렇지도 성글지도 빠지지도 않고 덧니나 옥니가 없느니라.

또 입술은 아래로 처지거나 위로 말려 올라가지도 않고 거칠거나 헐지도 않으며, 갈라지거나 비뚤어지지 않고 두텁거나 크거나 검지 않은 등, 보기 싫은 모습이 일체 없느니라.

코는 납작하거나 비뚤어지지 않고, 얼굴은 검거나 좁거나 길거나 오목하지도 않는 등, 흉한 모습이 없느니라.

입술과 혀와 이가 모두 잘생기고, 코가 길고 곧고 높으며, 얼굴 모양이 원만하고, 눈썹이 높고 길며, 이마가 반듯하고 넓은 등 훌륭한 인상을 모두 갖추게 되고, 태어날 때마다 부처님을 친견하여 법을 듣고, 그 가르침을 믿고 받아 지니게 되느니라.

아일다야, 한 사람에게 권유하여 법화경을 듣게 한 공덕도 이와 같거늘, 하물며 일심으로 듣고 설하고 독송하고, 대중들에게 분별하여 일러주고, 설한대로 수행하는 이의 공덕이랴?"

세존께서 거듭 게송으로 이르셨다.

어떤사람	법회에서	이경듣고	수희하여
그가운데	한게송을	남을위해	설해주고
이와같이	거듭전해	오십번째	교화받은
그사람이	얻는복을	내가이제	설하리라
큰시주가	팔십년을	한량없는	중생에게
그네들의	원하는것	남김없이	베풀다가
그중생들	백발되고	주름가득	잡힌데다
이빨빠져	성글었고	바싹마른	모양보며
그시주는	생각했다	'죽을날이	머잖으니
이제그들	가르쳐서	좋은과보	얻게하리'

그리고는 방편으로 열반법을 설한다음
'세상일은 허망하기 물거품과 연기같다
그대들은 멀리하고 싫어하는 마음내라'
그리고는 그들에게 阿羅漢果
아라한과 얻게 하고
六神通 三明 八解脫
육신통과 삼명얻고 팔해탈을 얻게 해도
오십번째 그사람이 법화경의 한게송을
얻어 듣고 감격하여 수희할때 얻는 복덕
앞 시주의 복덕보다 한량없이 더 많나니
그 어떠한 비유로도 표현할 수 없느니라
더더욱이 법회에서 처음 듣고 기뻐한 이
그 사람의 공덕이야 어찌 모두 말로하랴
만일 어떤 사람이든 누군가를 이끌어서
'법화경은 미묘하여 천만억겁 지내어도
만나보기 어렵도다' 이와 같이 일러주며
잠깐경을 듣게 하면 그의 복은 어떠할까
세세생생 입병없고 치아들은 단정하며
두 입술은 균형 잡혀 아름답고 윤기나며
혀는 길고 빛깔 좋고 마르거나 짧지않고

코는높고 길고곧고 이마넓고 반듯하며
얼굴전체 단정하여 보는이들 기뻐하며
입에서는 어느때나 우담바라 향기난다
또어떤이 법화경을 설법하는 절에가서
잠시라도 경을듣고 환희하면 어찌될까
다음세상 천상이나 인간세상 태어나서
아름다운 코끼리나 말이끄는 수레들과
보배가마 올라타고 천궁(天宮)으로 올라간다
법화경을 설할때에 자리안내 잘해주고
나의자리 나눠주면 이복지은 인연으로
제석범천 전륜성왕 높은자리 얻으리니
지극정성 일심으로 법화경을 들은다음
깊은뜻을 해설하고 설한대로 수행하면
그가받는 크나큰복 헤아릴수 없느니라

〈제18 수희공덕품 끝〉

제18 수희공덕품 · 51

제19 법사공덕품
第十九 法師功德品

그때 부처님께서 상정진보살마하살(常精進菩薩摩訶薩)에게 이르셨다.

"만일 선남자 선여인이 이 법화경을 수지하여 독송하고 해설하고 사경을 하면, 이 사람은 8백가지 눈의 공덕과 1천2백가지 귀의 공덕, 8백가지 코의 공덕, 1천2백가지 혀의 공덕, 8백가지 몸의 공덕, 1천2백가지 뜻의 공덕을 얻게 되며, 이 공덕으로 장엄하기 때문에 육근(六根)이 다 청정하여 지느니라.

이 선남자 선여인은 부모에게서 받은 청정한 육안(肉眼)으로 삼천대천세계의 안과 밖에 있는 모든 산과 숲과 강과 바다를 다 보게 되느니

라. 또 아래로는 아비지옥(阿鼻地獄)에서부터 위로는 유(有)정천(頂天)에 이르기까지 다 보게 되고, 그 가운데 사는 모든 중생과 그들이 짓는 인(因)과 연(緣)과 업(業)과 함께 과보(果報)로 태어나는 곳도 다 보고 알게 되느니라."

세존께서 거듭 게송으로 이르셨다.

대중앞에　두려움이　전혀없는　마음으로
이법화경　설할때의　받는공덕　어떠할까
이사람은　팔백가지　공덕지닌　눈얻나니
공덕으로　장엄함에　그눈매우　청정하여
부모가준　두눈으로　삼천세계　가운데의
미루산(彌樓山)과　수미산과　철위산을　비롯하여
다른모든　산과숲과　큰바다와　강과하천
남김없이　모두모두　볼수있게　될것이요
아비지옥　에서부터　유정천에　이르도록
그가운데　있는중생　모든일을　다보나니
천안(天眼)에는　못미치나　육안(肉眼)능력　이같도다

제19 법사공덕품 · 53

"상정진아, 만일 선남자 선여인이 이 법화경을 수지하여 독송하고 해설하고 사경을 하면 1천2백가지 귀의 공덕을 얻나니, 그 청정한 귀로 삼천대천세계의 아비지옥에서 유정천에 이르기까지 모든 세계 안팎의 갖가지 말과 소리를 다 듣게 되느니라.

곧 코끼리 소리·말의 소리·소의 소리·수레 소리·우는 소리·탄식 소리·나팔 소리·북 소리·종 소리·방울 소리·웃음 소리·말하는 소리·남자 소리·여자 소리·동자 소리·동녀(童女) 소리·바른 소리·그릇된 소리·괴로워하는 소리·즐거워하는 소리·범부의 소리·성인의 소리·기뻐하는 소리·슬퍼하는 소리·천인들의 소리·용의 소리·야차의 소리·건달바의 소리·아수라의 소리·가루라의 소리·긴나라의 소리·마후라가의 소리·불 소리·물 소리·바람 소리·지옥의 소리·축생의 소리·아귀의 소리·비구의 소리·비구니의 소리·성문의 소리·벽지불의 소리·보살의 소리·부처님의 소리를 다 듣게 되느니라.

　비록 하늘귀인 천이(天耳)를 얻지는 못하였으나, 부모에게서 받은 청정한 보통 귀로 모든 소리를 다 듣고 갖가지 소리를 모두 분별하여 알 수 있으며, 그 귀는 손상이 되지 않느니라."

세존께서 거듭 게송으로 이르셨다.

부모님께	받은 귀가	깨끗하고	맑고 밝아
삼천대천(三千大千)	세계 소리	남김없이	다 듣나니
코끼리와	말과 소와	수레소리	비롯하여
종소리와	방울소리	나팔소리	북소리며
거문고와	공후소리	퉁소피리	소리들과
맑고 고운	노랫소리	모두 듣되	애착 않고
많고 많은	사람 소리	모두 듣고	이해한다
천인들의	말소리와	천상음악	다 들으며
남자 소리	여자 소리	동자 소리	동녀 소리
험한 산천	계곡 속의	가릉빈가	소리하며

공명조(共命鳥)등 모든새의 소리들을 듣느니라
지옥중생 고통받고 형벌받는 소리들과
배가고픈 아귀들이 먹을것을 찾는소리
많고많은 아수라들 바닷가에 모여살며
서로서로 말을할때 울려나는 큰소리를
법화경을 설하는이 여기편히 머물면서
먼곳소리 다듣지만 귀의능력 손상없다
시방세계 새와짐승 대화하는 소리들을
법화경을 설한이는 여기에서 모두듣고
범천세계 비롯하여 광음천(光音天)과 변정천(遍淨天)과
유정천의 말소리도 여기에서 다듣노라
일체모든 비구들과 많고많은 비구니들
경전읽고 외우거나 남을위해 설하는말
법사여기 머물면서 남김없이 다듣노라
또한여러 보살들이 경전읽고 외우거나
남을위해 설법하고 깊은뜻을 해설하는
여러음성 남김없이 모두얻어 잘들으며
일체중생 교화하는 모든부처 대성존(大聖尊)이

갖가지 큰 법회에서 설하시는 미묘법을
법화경을 수지한이 남김없이 다듣노라
삼천대천 모든세계 안과밖의 소리들과
아비지옥 에서부터 유정천에 이르도록
그가운데 나는소리 빠짐없이 다들어도
귀의기능 손상없이 모든소리 분별하니
법화경을 수지하면 천이(天耳)에는 못미치나
그타고난 귀로서도 이런공덕 얻느니라

"상정진아, 만일 선남자 선여인이 법화경을 수지하여 독송하고 해설하고 사경을 하면 8백 가지 코의 공덕을 얻으리니, 그 청정한 코로 삼천대천세계의 위아래와 안팎의 갖가지 향기를 다 맡을 수 있게 되느니라.

곧 수만나(須曼那)꽃 향기·사제(闍提)꽃 향기·말리(茉莉)꽃 향기·첨복(瞻蔔)꽃 향기·바라라(波羅羅)꽃 향기, 붉은 연꽃·푸른 연꽃·흰 연꽃 향기, 꽃나무와 과일나무 향기, 전단향·침수향·다마라발전단향(多摩羅跋栴檀香)·다가(多伽)

라향(羅香)·천만 가지 혼합된 향·가루 향·둥근 향·바르는 향의 향기를 여기에 있으면서 다 맡고 분별할 수 있느니라.

또 갖가지 중생의 향기를 잘 분별하나니, 코끼리·말·소·양의 향기와 남자·여자·동자·동녀의 향기, 풀·나무·숲의 향기와 가까이 혹은 멀리 있는 향기들을 다 맡고 착오 없이 잘 분별하느니라.

또 이 법화경을 지니는 이는 몸은 여기에 있어도 천상의 갖가지 향기들을 맡을 수 있나니, 도리천의 바라질다라수(波利質多羅樹)와 구비다라수(拘鞞陀羅樹) 향기, 만다라꽃·마하만다라꽃·만수사꽃·마하만수사꽃의 향기, 전단향·침수향과 갖가지 가루향과 각종 꽃들의 향기, 그리고 하늘의 이와 같은 갖가지 향기가 서로 섞여 내는 향기 등 모르는 향기가 없느니라.

또 모든 천인들의 향기를 맡나니, 제석천이 훌륭한 궁전에서 오욕락을 즐길 때의 향기와

^{妙法堂}묘법당에서 ^{忉利天}도리천의 천인들에게 설법을 할 때의 향기, 여러 동산에서 노닐 때의 향기들을 비롯하여 남녀 천인들의 여러 향기도 다 맡고 아느니라. 그리고 차츰 위로 올라가 범천과 유정천 천인들의 몸에서 나는 향기까지 다 맡고, 모든 천인들이 사르는 향 내음도 다 아느니라.

또 성문의 향기·벽지불의 향기·보살의 향기·부처님들의 향기를 맡고 그들이 있는 곳을 아느니라.

그리고 이러한 향기들을 다 맡되 착오 없이 하나하나를 잘 분별하여 알 뿐 아니라, 다른 사람에게 설명할 때에도 틀림이 없느니라."

세존께서 이 뜻을 거듭 밝히고자 게송으로 이르셨다.

이사람의　청정한코　세계속에　존재하는
모든향기　다맡고서　분별할줄　아느니라
수만나향　사제꽃향　다마라향　전단향과

	桂香		
침수향과	계향등의	꽃과과일	향기맡고
중생들의	온갖향기	남김없이	다아나니
남자여자	있는곳을	향기맡아	알아내며
대전륜왕	소전륜왕	왕자들과	여러군신
궁인들이	있는곳을	향기맡아	알아내며
몸에지닌	귀한보배	땅에묻힌	보물들과
전륜왕의	寶女 보녀들을	향기맡아	알아내며
사람들의	장신구와	입는옷과	영락들과
향수들의	향기맡아	그주인을	아느니라
법화경을	지닌이는	천인들이	앉고걷고
유희하고	신통부림	향기맡아	알아내며
각종나무	꽃과과일	모든기름	냄새들을
여기에서	맡고서는	그들있는	장소안다
깊은산골	험한계곡	전단나무	꽃핀곳과
그가운데	있는중생	향기맡아	알아내며
철위산과	큰바다와	땅속중생	사는곳을
법화경을	지닌이는	향기맡아	아느니라
아수라의	남자여자	그들모든	권속들이

투쟁하고 장난함을 향기맡아 알아내며
거칠고도 넓은들판 좁고험한 골짜기의
사자이리 코끼리와 호랑이와 들소물소
그모두가 사는곳을 향기맡아 알아내며
뱃속에든 어린애가 남아인가 여아인가
온전한가 아니한가 향기맡아 알아내며
향기맡는 이힘으로 태아장래 성공여부
어머니의 순산까지 정확하게 아느니라
향기맡는 이힘으로 남녀들이 생각하는
탐진치심 비롯하여 착한행실 알아내며
땅속깊이 감추어진 금은등의 보물들과
동기(銅器)속에 담긴것을 향기맡아 알아내며
여러가지 영락들이 진귀한지 천한지와
나온곳과 있는곳을 향기맡아 분별한다
하늘나라 많은꽃들 만다라꽃 만수사꽃
바리질다 나무들도 향기맡아 알아내고
하늘나라 여러궁전 상중하의 차별들과
보배꽃을 장엄한것 향기맡아 알아내며

제19 법사공덕품 · 61

하늘동산 좋은궁전 각종누각 법당에서
노래하고 춤추는것 향기맡아 알아내며
천인들이 법듣거나 오욕락을 즐기거나
오고가고 앉고누움 향기로써 알아내며
천녀들이 꽃향으로 치장을한 옷을입고
빙빙돌며 노닐어도 향기맡고 모두안다
이와같이 차츰올라 범천까지 올라가서
선정삼매 들고나옴 향기맡아 알아내며
광음천과 변정천과 유정천에 이르러서
그곳중생 나고죽음 향기맡고 아느니라
많은비구 대중들이 법에맞게 정진하되
앉고서고 경행하고 경전읽고 외우면서
혹은숲속 나무아래 용맹정진 좌선하면
법화경을 지닌이는 향기맡아 알아내며
견고한뜻 지닌보살 좌선하고 독송하고
남을위해 설법함을 향기맡아 알아내며
일체공경 받으면서 방방곡곡 계신세존
중생위해 설법함도 향기맡아 알아내며

부처님께　이경듣고　환희하는　중생들이
여법(如法)하게　수행함도　향기맡아　알아내니
비록무루(無漏)　법을얻은　보살에는　못미치나
법화경을　수지하면　이런코를　얻느니라

"또 상정진아, 만일 선남자 선여인이 이 법화경을 수지하여 독송하고 해설하고 사경을 하면, 1천 2백가지 혀의 공덕을 얻으리니, 좋은 음식·나쁜 음식·맛있는 음식·맛없는 음식, 쓰거나 떫은 그 어떤 것도 그의 혀에 닿기만 하면 모두 천상의 감로(甘露)와 같은 훌륭한 맛으로 변하느니라.

만일 이 혀로 대중들에게 법을 설하면 깊고 묘한 소리가 나와, 듣는 이의 마음이 환희롭고 즐겁게 되느니라. 또 천자(天子)와 천녀와 제석천과 범천왕들이 와서 깊고 묘한 음성으로 조리있게 설하는 법문을 들을 것이며, 용과 용녀·야차·야차녀·건달바·건달바녀·아수라·아

제19 법사공덕품 · 63

수라녀·가루라·가루라녀·긴나라·긴나라녀·마후라가·마후라가녀들도 법을 듣기 위해 가까이 와서 공경하고 공양하느니라.

또 비구·비구니·우바새·우바이·국왕·왕자·신하와 그 권속들, 작은 전륜성왕과 큰 전륜성왕들도 그들의 일곱 가지 보물인 칠보(七寶)와 1천 명의 아들과 내외 권속들을 이끌고 그들의 궁전을 타고 와서 법문을 듣느니라.

이 보살은 설법을 잘하기 때문에, 바라문과 거사와 나라 안의 백성들이 목숨을 다하도록 따라다니면서 모시고 공양을 하며, 성문·벽지불·보살·부처님들도 이 사람 보기를 즐겨하느니라.

또한 부처님들은 그가 어디에 있든 그가 있는 곳을 향해 법을 설하여 주나니, 그는 능히 일체 불법을 다 수지하게 되고, 능히 깊고 묘한 설법을 할 수 있게 되느니라."

세존께서 이 뜻을 거듭 밝히고자 게송으로

이르셨다.

이 사람의 　청정한 혀　　나쁜 맛을　　모르나니
먹고 씹는　　음식 모두　　감로미로　　변하노니
　　　　　　　　　　　　甘露味
깊고 맑은　　음성으로　　대중 위해　 설법하되
인연들과　　비유로써　　중생심을　　이끄나니
　　　　　　　　　　　　衆生心
듣는 이들　 환희하여　　좋은 공양　 다 올리고
천인들과　　용과 야차　　아수라 등　신중들이
공경하는　　마음으로　　함께 와서　 법 듣는다
삼천대천　　세계 가득　 묘한 음성　 채우기를
이 법사가　 발원하면　　그 뜻 바로　이뤄지니
크고 작은　 전륜왕과　　일천 아들　 권속들이
합장하고　　공경하며　　항상 와서　 설법 듣고
여러 하늘　 용과 야차　　나찰이나　 비사사도
항상 기쁜　 마음으로　　항상 즐겨　 공양하며
범천왕을　　비롯하여　　마왕들과　 자재천과
대자재천　　등의 천왕　 그 있는 곳　찾아오고
제불들과　　제자들이　　설법하는　 음성 듣고

제19 법사공덕품 · 65

늘 지키고 생각하고 몸을 나타 내느니라

 "또 상정진아, 만일 선남자 선여인이 법화경을 수지하여 독송하고 해설하고 사경을 하면, 8백가지 몸의 공덕을 얻느니라. 이 사람은 유리처럼 맑고 깨끗한 몸을 얻게 되고, 그를 보는 이는 모두가 기뻐하느니라.

 그의 몸이 맑고 깨끗하므로, 삼천대천세계 중생들의 태어나고 죽는 모습과 귀하고 천하고 곱고 미운 모습, 좋은 곳에 태어나는 모습과 악도에 떨어지는 모습 등이 다 그의 몸에 나타나느니라.

 또 철위산과 대철위산, 미루산과 마하미루산 등의 모든 산들과 그 가운데 사는 중생들이 다 그의 몸에 나타나고, 아비지옥에서부터 가장 높은 유정천에 이르기까지의 모든 세상과 그곳에 사는 중생들이 다 그 몸에 나타나며, 성문·벽지불·보살·부처님께서 설법하는 것이 그의 몸 가운데에 색상(色像)으로 나타나느니라."

세존께서 거듭 게송으로 이르셨다.

법화경을 수지하면 아주맑아 유리같이
청정한몸 지니나니 보는이들 기뻐한다
깨끗하고 맑은거울 모든형상 되비추듯
보살들의 맑은몸에 모든것이 나타나니
혼자서만 밝게알뿐 다른이는 볼수없다
삼천대천 세계속의 일체모든 천인들과
인간들과 아수라와 지옥아귀 축생들의
여러가지 모습들이 그의몸에 나타난다
모든하늘 궁전들과 철위산과 미루산과
큰바다의 모습들도 그몸안에 나타나네
제불들과 성문들과 참된불자(佛子) 보살들이
혼자거나 대중에게 설법하는 모습들이
청정무루(淸淨無漏) 법성신(法性身)을 비록얻지 못했지만
항상맑은 그의몸에 남김없이 비치노라

"다시 상정진아, 만일 선남자 선여인이 여래가 멸도한 뒤에 법화경을 수지하여 독송하고 해설하고 사경을 하면, 1천 2백가지 뜻의 공덕을 얻게 되느니라.

그는 이러한 청정한 뜻〔意根〕을 지닌 까닭에 한 게송 한 구절만 들어도 그 속에 담긴 한량없고 끝없는 뜻을 통달하게 되고, 그 뜻을 다 이해한 다음에는 그 한 구절 한 게송에 대해 한 달로부터 넉 달 내지 1년 동안 설할 수 있느니라.

또 그가 이치에 맞게 설하는 모든 법은 실상에 어긋나지 않나니, 만일 세간의 경서나 세상을 사는 법을 설할 때에도 정법과 일치하게 되느니라.

또 삼천대천세계의 육도 중생들이 마음으로 생각하는 바〔心之所行〕와 그 마음이 움직이는 바〔心所動作〕와 마음속의 희론〔心所戲論〕들을 다 아느니라.

비록 무루지혜(無漏知慧)는 얻지 못하였지만 그 뜻[의근(意根)]이 청정하므로, 이 사람이 사유하고 헤아리고 말하는 것이 다 불법(佛法)이요 진실 아님이 없으며, 과거 부처님들이 설하신 바와 같으니라."

세존께서 거듭 게송으로 이르셨다.

그의 뜻이 청정하고 밝고 또한 예리하니
이 미묘한 의근(意根)으로 상중하의 법을 알고
한 게송을 듣고서는 무량한 뜻 통달한 뒤
한 달 넉 달 일년 되면 조리 있게 설법한다
세상 안팎 천인들과 용과 인간 야차들과
귀신 등을 비롯하여 윤회하는 육도중생
마음속에 지닌 생각 남김없이 모두 아니
이는 바로 법화경을 지닌 공덕 때문이다
백복(百福)으로 장엄하신 시방세계 부처님들
중생 위해 설법하면 모두 듣고 받아지녀
무량한 뜻 사유하고 한량없이 설법하되
망각 착오 없는 것도 이 경 지닌 때문이다

제19 법사공덕품 · 69

제법(諸法)모습 　모두알고 　뜻따르고 　차례알며
글과언어 　통달하여 　아는바를 　잘설하니
이사람이 　설하는법 　과거불의 　법문이요
이법문을 　설하기에 　두려움이 　없느니라
법화경을 　지닌이의 　맑은뜻이 　이같아서
무루법은 　못얻어도 　이런능력 　갖추노라
법화경을 　지니는이 　높은경지 　머물면서
기뻐하고 　공경하는 　일체모든 　중생위해
천만가지 　방편으로 　좋은법문 　설하나니
이것또한 　법화경을 　지닌공덕 　때문이다

〈제19 법사공덕품 끝〉

제20 상불경보살품
第二十 常不輕菩薩品

그때 부처님께서 득대세보살마하살(得大勢菩薩摩訶薩)에게 이르셨다.

"마땅히 알아라. 법화경을 지닌 비구·비구니·우바새·우바이를 욕하거나 비방할 때 받게 되는 대죄보(大罪報)는 앞서 말한 바와 같으며, 법화경을 지닐 때 방금 설한 대로 눈·귀·코·혀·몸·뜻이 다 청정해지는 공덕을 얻느니라.

득대세야, 먼 옛날 무량무변하여 생각조차 할 수 없는 아승지 겁 전에 한 부처님이 계셨으니, 이름은 위음왕(威音王)여래·응공·정변지·명행족·선서·세간해·무상사·조어장부·천인사·불세존이요, 겁의 이름은 이쇠(離衰)이며, 나라 이름은 대성(大成)이었느니라.

　위음왕불은 그 세상에서 천인들과 인간들과 아수라들을 위해 설법을 하셨나니, 성문이 되고자 하는 이에게는 사제법(四諦法)을 설하여 생로병사를 벗어난 열반에 이르게 하셨고, 벽지불이 되고자 하는 이에게는 십이인연법(十二因緣法)을 설하셨으며, 아뇩다라삼먁삼보리를 구하는 보살에게는 육바라밀법(六波羅蜜法)을 설하여 부처의 지혜에 이르도록 하였느니라.

　득대세야, 이 위음왕불의 수명은 40만억 나유타 항하사만큼 많은 겁이요, 정법(正法)은 한 염부제의 티끌 수만큼 많은 겁 동안 머물렀으며, 상법(像法)은 사천하(四天下)의 티끌 수만큼 많은 겁 동안 머물렀느니라.

　위음왕불께서 중생들을 이롭게 하시다가 멸도하시고 정법과 상법시대까지 다 지나간 다음, 이 국토에 다시 부처님이 출현하셨나니, 그 부처님의 이름 또한 위음왕여래·응공·정변지·명행족·선서·세간해·무상사·조어장부·천인사·불세존이었느니라. 이와 같이 2만 억 부처님이 차례로 출현하셨는데, 그 이름이 모두 같았느니라.

첫 번째 위음왕불께서 멸도하시고 정법도 다한 뒤의 상법시대에는 증상만(增上慢)이 가득한 비구들이 큰 세력을 지니고 있었느니라. 그때 한 보살비구가 있었으니 이름이 상불경(常不輕)이었느니라.

득대세야, 어떠한 인연으로 이름을 상불경이라 하였는가? 이 보살비구는 비구·비구니·우바새·우바이 등 누구든지 보이기만 하면 그들을 향해 예배하고 찬탄하면서 이렇게 말했느니라.

'저는 그대들을 깊이 존경하며, 가벼이 여기지 않습니다. 왜냐하면 그대들 모두가 보살도를 행하여 부처님이 될 것이기 때문입니다.'

이 비구는 경전을 독송하지 않고 오로지 예

배만 하였나니, 사부대중을 멀리서 보게 되면 일부러 가서 예배하고 찬탄하며 말했느니라.

'저는 그대들을 가벼이 여기지 않습니다. 그대들은 장차 부처님이 되실 분입니다.'

그러자 사부대중 가운데 화를 잘 내고 부정한 이들은 나쁜 말로 욕을 하고 꾸짖었느니라.

'이 무지한 비구야. 도대체 어디에서 왔기에 우리를 가벼이 여기지 않는다 하고, 우리가 장차 부처님 된다고 수기를 하는 것이냐? 그따위 헛된 수기는 필요없다.'

그 비구는 여러 해 이와 같은 욕을 먹으면서도 화내지 않고 한결같이 말하였느니라.

'그대는 반드시 부처님이 될 것입니다.'

그가 이렇게 말을 할 때 사람들이 몽둥이를 휘두르거나 돌을 던지면, 멀리 피해 달아나면서 오히려 더 큰 소리로 외쳤느니라.

'저는 그대들을 가벼이 여기지 않습니다. 그

대들은 장차 부처님이 되실 분입니다.'

그가 항상 이렇게 말하였으므로 증상만을 품은 비구·비구니·우바새·우바이들은 그를 일러 상불경(常不輕)이라 하였느니라.

이 비구가 임종을 하려 할 때, 일찍이 위음왕불께서 설하신 법화경 20천만억 게송이 허공으로부터 들려와서 모두 수지하게 되었고, 이로 인해 눈·귀·코·혀·몸·뜻이 매우 청정하여졌느니라.

그리고 청정한 육근(六根)을 얻은 뒤에 수명이 2백만억 나유타로 늘어나, 그 세월동안 다른 사람들을 위해 법화경을 널리 설했느니라.

이에 증상만을 품었던 비구·비구니·우바새·우바이들은 그가 큰 신통력과 자유자재하게 설법하는 능력과 대선정력을 얻은 것을 보고는 믿고 따랐으며, 상불경보살은 천만억 중생들을 교화하여 아뇩다라삼먁삼보리에 이르게 하였느니라.

그는 목숨을 마친 다음 일월등명(日月燈明)이라는 이름의 2만억 부처님들을 만났으며, 그 부처님들 법 가운데에서 법화경을 설하였느니라.

그리고 이 인연으로 다시 운자재등왕(雲自在燈王)이라는 이름의 2천억 부처님들을 만났으며, 그 부처님들 법 가운데에서 이 법화경을 수지독송하고 사부대중에게 설하여 눈·귀·코·혀·몸·뜻이 완전히 청정하여졌나니, 이후 사부대중에게 두려움 없이 설법할 수 있게 되었느니라.

득대세야, 상불경보살마하살은 이와 같이 많은 부처님들을 공양하고 공경하고 존중하고 찬탄하면서 갖가지 선근을 심었고, 그 뒤에도 다시 천만억 부처님들을 만나 그 부처님들 법 가운데에서 법화경을 설하여 공덕을 성취하고 부처님이 되셨느니라.

득대세야, 네 생각은 어떠하냐? 그 상불경보살이 네가 모르는 다른 사람처럼 여겨지느냐? 그는 바로 지금의 나이니라.

내가 만일 과거세에 법화경을 수지독송하지도 남을 위해 설하지 않았다면 아뇩다라삼먁삼보리를 빨리 얻지 못하였을 것이나, 과거세의 부처님들 밑에서 법화경을 수지독송하고 남을 위해 설하였기 때문에 아뇩다라삼먁삼보리를 빨리 얻을 수 있었느니라.

득대세야, 그때 화를 내면서 나를 업신여겼던 비구·비구니·우바새·우바이들은 2백억 겁 동안이나 부처님들을 만나지도 법을 듣지도, 승려들을 보지도 못하였느니라. 그리고 천 겁 동안 아비지옥에서 큰 고통을 받았으며, 죗값을 다 치른 다음 다시 상불경보살을 만나 아뇩다라삼먁삼보리의 법을 배우게 되었느니라.

득대세야, 네 생각은 어떠하냐? 그때 그 보살을 늘 업신여겼던 사부대중이 다른 사람처럼 여겨지느냐?

지금 이 자리에 있는 발타바라(跋陀婆羅) 등의 5백 보살과 사자월(師子月) 등의 5백 비구니, 사불(思弗) 등의 5백 우바새가 바로 그들이니, 이제는 모두가 아뇩다라삼먁삼보리에서 물러나지 않게 되었느니라.

득대세야, 마땅히 알아라. 법화경은 보살마하살들을 크게 이롭게 하고 아뇩다라삼먁삼보리에 이르게 하는 경이니라. 그러므로 모든 보살마하살들은 여래가 멸도한 뒤에 늘 이 경전을 받아 수지독송하고 해설하고 사경을 해야 하느니라."

세존께서 거듭 게송으로 이르셨다.

아주오랜	과거세에	위음왕불(威音王佛)	계셨으니
신통지혜	한량없어	모든중생	인도하고
천인들과	용신들이	함께공양	하였노라
위음왕불	멸도하고	정법기간	지났을때
그이름이	상불경인(常不輕)	보살한분	계셨도다
그당시의	사부대중	그릇된법	집착하자

자비보살 상불경은 그들에게 찾아가서
'저는 그대 가벼웁게 여기지를 않습니다
그대 도를 잘 닦으면 부처님이 되옵니다'
이 말들은 여러 대중 비방하고 욕을 해도
자비보살 상불경은 참고 받아 주었노라
숙세 죗값 모두 받고 임종할 때 이르러서
법화경을 문득 듣고 육근 청정 이루었고
신통력을 얻었으며 수명 매우 길어졌다
그는 다시 중생 위해 법화경을 설했나니
그른 법에 집착한 이 그의 교화 힘입어서
위가 없는 불도(佛道) 속에 머무르게 되었도다
상불경은 임종 뒤에 많은 부처 만났으며
법화경을 설했기에 한량없는 복을 얻고
공덕 점차 갖추어서 빨리 성불 하였노라
바로 그때 상불경이 지금 여기 있는 나요
그릇된 법 집착했던 비구 등의 사부대중
장차 성불 하리라는 상불경의 말 듣고서
공부를 한 인연으로 무량 부처 친히 뵈니

제20 상불경보살품 · 79

내앞에서 법을듣는 오백보살 비롯하여
이자리의 사부대중 그당시의 그들이다
나는과거 세상에서 이들모든 대중에게
제일가는 이경전을 듣고믿게 함으로써
열반길을 열어주고 열반으로 인도했고
세세생생 법화경을 지니도록 하였도다
무수억겁 지나가도 그사람들 틀림없이
법화경을 얻어듣고 수지하게 되느니라
그리고또 무수억만 부사의한 겁뒤에도
제불세존 어느때나 법화경을 설하시니
부처님의 열반뒤에 도를닦는 이들이여
법화경을 듣고나서 절대의혹 품지말고
한결같은 마음으로 이경널리 설하여라
세세생생 부처뵙고 빨리성불 하느니라

〈제20 상불경보살품 끝〉

제21 여래신력품
第二十一 如來神力品

그때 땅에서 솟아올라온 천세계(千世界)의 티끌수와 같이 많은 보살마하살들이 일심으로 합장하고 부처님의 거룩한 얼굴을 우러러보며 아뢰었다.

"세존이시여, 저희도 부처님께서 멸도하신 뒤에, 세존의 분신불(分身佛)들이 계시다가 멸도하신 곳으로 가서 이 법화경을 널리 설하겠나이다. 왜냐하면 저희 또한 이 진실하고도 청정한 큰 법을 얻어서 수지독송하고 해설하고 사경하고 공양하고자 하기 때문이옵니다."

그때 세존께서 예전부터 사바세계에 머물고 있던 문수사리 등의 무량 백천만억 보살마하살과 비구·비구니·우바새·우바이와 천·용·야차·건달바·아수라·가루라·긴나라·마후라가·인비인 등의 모든 대중들 앞에서 큰 신통력을 나타내셨으니, 넓고 긴 혀를 내미시어 범천에까지 이르게 하고, 모든 털구멍에서 무수한 색과 무량한 광명을 발하여 시방세계를 두루 비추셨다. 그러자 수많은 보배 나무 아래의 사자좌에 앉아계시던 분신불들 또한 넓고 긴 혀를 내보이시고 무량한 광명을 발하셨다.

석가모니불과 보배 나무 아래의 분신불들은 백천년 동안 신통력을 나타낸 다음 넓고 긴 혀를 거두어 들이셨다. 그리고는 함께 큰 소리로 기침을 하고 손가락을 튕기니, 이 두 가지 소리가 시방의 부처님들 세계에까지 두루 미쳤고, 땅들은 여섯 가지로 진동하였다.

그 부처님들세계에 있는 천·용·야차·건달바·아수라·가루라·긴나라·마후라가·인비인 등은 부처님의 신통력에 힘입어, 이 사바세계의 무량무변 백천만억 보배 나무 아래의 사자좌에 앉아 계신 부처님들을 모두 볼 수 있었다.

또 석가모니불과 다보여래가 보탑(寶塔) 안의 사자좌에 함께 앉아 계신 모습도 볼 수 있었으며, 무량무변 백천만억 보살마하살들과 사부대중이 석가모니불을 둘러싸고 공경하는 모습도 볼 수 있었다. 그들은 이러한 모습을 보고 일찍이 보지 못한 것이라며 크게 환희하였다.

그때 천인들이 허공에서 큰 소리로 말하였다.

"무량무변 백천만억 아승지 세계를 지나가면 한 국토가 있으니 이름이 사바세계(娑婆世界)요, 그곳에 부처님이 계시니 이름이 석가모니입니다. 지금 보살마하살들을 위해 대승경전을 설하시니, 경의 이름은 묘법연화(妙法蓮華)로 보살을 가르치는 법이요 부처님들께서 보호하고 살피는 경입니다. 그대들은 마땅히 깊은 마음으로 수희(隨喜)해야 할 것이요, 또한 석가모니불께 예배하고 공양해야 합니다."

모든 불국토의 중생들은 허공에서 나는 이 소리를 듣고, 사바세계를 향하여 합장하고 염불을 하였다.

"나무석가모니불 나무석가모니불…."

그리고는 갖가지 꽃과 향과 영락과 깃발과 천개와 여러 장신구와 진귀한 보물과 훌륭한 물건들을 멀리 있는 사바세계를 향해 뿌렸다. 그러자 그 갖가지 공양물들이 시방세계로부터 마치 구름이 모이듯이 몰려와서 큰 보배 장막으로 변하여 사바세계에 계신 부처님들 위를 두루 덮었으며, 시방세계는 마치 하나의 불국토처럼 막힘없이 다 통하게 되었다.

그때 부처님께서 상행보살(上行菩薩)을 비롯한 보살대중들에게 이르셨다.

"부처님들의 신통력은 이와 같이 한량없고

가이없고 불가사의하다. 그러나 내가 이러한 신통력으로, 법화경의 유통을 부촉(附囑)하기 위해 무량무변 백천만억 아승지겁 동안 이 경전의 공덕을 설할지라도 결코 다 설할 수 없느니라. 그러므로 중요한 것만 말하리라.

　요컨대 여래가 지닌 모든 법과 여래의 모든 자재신통력(自在神通力)과 여래의 모든 비밀과 여래의 깊고 깊은 모든 일들을, 이 법화경에 잘 나타내어 보이고 설하였느니라. 그러므로 너희는 여래가 멸도한 뒤에 일심으로 법화경을 수지독송하고 해설하고 사경하면서, 경에 설한대로 수행해야 하느니라.

　만일 너희가 있는 국토에서 어떤 이가 법화경을 수지독송하고 해설하고 사경하면서 경에 설한대로 수행하는 이가 있거나 법화경이 놓여 있는 곳이 있으면, 그곳이 동산이든 숲속이든 나무 밑이든 승방이든 속인의 집이든 전당이든 산골짜기든 광야든, 그 어디든지 마땅히 탑을 세우고 공양할지니라. 왜냐하면 그곳이 곧 제불께서 아뇩다라삼먁삼보리를 얻은 도량이요, 법륜을 굴린 도량이요, 열반에 드신 도량이기 때문이니라."

세존께서 거듭 게송으로 이르셨다.

신통으로　이세상을　구제하는　부처님들
중생들의　기쁨위해　무량신통　보였나니
범천까지　혀가닿고　무수한빛　발했도다
구도(求道)하는　이를위해　이런기적　나타낸뒤
모든부처　기침하고　손가락을　튕겼나니
그소리가　시방세계　불국토로　퍼지면서
그세계의　모든땅이　육종(六種)으로　진동했다
이는부처　멸도한뒤　법화경을　수지함을
제불들이　기뻐하여　신통나타　낸것이다
부촉하는　법화경을　수지하는　그사람은
무량한겁　찬미해도　부족하고　모자라니
그사람이　얻는공덕　끝이없고　한없음이

마치 시방　허공 끝을　알 수 없는　것과 같다
법화경을　지닌 이는　나의 몸을　보게 되고
다보불과　분신불들　남김없이　보게 되며
오늘 내가　교화를 한　보살들도　보게 된다
법화경을　지닌 이는　나와 나의　분신들과
멸도하신　다보불을　환희롭게　하는 이요
시방세계　현재불과　과거 미래　부처님들
친히 뵙고　공양하여　환희롭게　하는 이니
제불들이　도량에서　얻고 이룬　비밀법을
법화경을　지닌 이는　머지않아　얻느니라
법화경을　지닌 이는　모든 법의　깊은 뜻과
이름들과　이야기를　무궁무진　잘 설하니
허공 중의　바람처럼　일체 장애　없느니라
여래께서　멸도한 뒤　부처님이　설한 경의
인연들과　차례 알아　뜻에 맞게　설법하되
해와 달의　밝은 광명　모든 어둠　걷어내듯
세간 속에　있으면서　중생 어둠　없애주고
무량보살　가르쳐서　일승법을　얻게 하네

그러므로 지혜인은 이 공덕과 이익 듣고
내 멸도한 다음에도 법화경을 수지하니
이 사람의 성불함을 어찌의심 하겠는가

〈제21 여래신력품 끝〉

제22 촉루품
第二十二 囑累品

　그때 세존께서는 법좌(法座)에서 일어나, 큰 신통력으로 오른손을 뻗어 한량없는 보살마하살들의 정수리를 어루만지며 이르셨다.
　"나는 무량 백천만억 아승지겁 동안 이 얻기 어려운 아뇩다라삼먁삼보리법을 닦아 익혔노라. 내 이제 이를 너희에게 부촉(付囑)하노니, 너희는 마땅히 일심으로 이 법을 유포시켜 널리 이롭게 하라."
　이와 같이 보살마하살들의 정수리를 어루만지며 세 번을 거듭 부촉한 다음, 또 이르셨다.
　"나는 무량 백천만억 아승지겁 동안 이 얻기 어려운 아뇩다라삼먁삼보리법을 닦아 익혔노

라. 내 이제 이를 너희에게 부촉하노니, 너희는 마땅히 수지독송하고 이 법을 널리 펴서, 일체 중생으로 하여금 모두 듣고 알게 할지니라.

그 까닭이 무엇인가? 여래는 인색함이 없고 두려움이 없는 대자대비로 중생들에게 불(佛)지혜(智慧)와 여래지혜(如來智慧)와 자연지혜(自然智慧)를 능히 주는, 일체 중생의 큰 시주(施主)이기 때문이니라. 너희는 이러한 여래의 법을 본받아 인색한 마음을 일으키지 않도록 하라.

저 미래세에 여래의 지혜를 잘 믿는 선남자 선여인이 있으면 마땅히 법화경을 설하여 들을 수 있게 해야 하나니, 그 사람으로 하여금 부처님의 지혜를 얻게 하기 위함이니라.

만일 어떤 중생이 믿지 않고 받아 지니지 않더라도 마땅히 여래의 깊고도 묘한 법을 보여주고 가르쳐 이로움과 기쁨을 주어야 하나니, 너희가 이와 같이 행하면 부처님들의 은혜를 능히 갚을 수 있느니라."

부처님께서 이와 같이 설하시는 것을 듣고 온몸에 대환희심이 가득해진 보살마하살들은 부처님을 더욱 공경하면서 머리 숙여 합장하고 한 목소리로 아뢰었다.

"세존께서 분부하신 바를 반드시 다 받들어 행하겠나이다. 세존이시여, 부디 심려하지 마옵소서."

"세존께서 분부하신 바를 반드시 다 받들어 행하겠나이다. 세존이시여, 부디 심려하지 마옵소서."

"세존께서 분부하신 바를 반드시 다 받들어 행하겠나이다. 세존이시여, 부디 심려하지 마옵소서."

보살마하살들은 함께 소리 내어 세 번을 거듭 맹세하였다.

그때 석가모니불은 시방에서 온 모든 분신불들을 본국으로 돌아가게 하고자 이렇게 이르셨다.

"부처님들께서는 각기 본래 처소로 편안히 돌아가시고 다보여래의 보배탑도 본래의 자리로 돌아가소서."

석가모니불께서 이와 같이 말씀하시자, 보배나무 아래의 사자좌에 앉아 계시던 시방의 모든 분신불들과 다보여래, 상행보살 등의 수없이 많은 보살 대중들, 사리불 등의 성문과 사부대중, 일체 세간의 천인들과 인간들과 아수라들 모두가 크게 기뻐하였다.

〈제22 촉루품 끝〉

제23 약왕보살본사품
第二十三 藥王菩薩本事品

　그때 수왕화보살(宿王華菩薩)이 부처님께 아뢰었다.

　"세존이시여, 약왕보살은 왜 이 사바세계의 모든 곳을 두루 다니나이까? 세존이시여, 이 약왕보살은 몇 백천만억 나유타나 되는 어려운 수행과 고행을 하였나이까?

　거룩하신 세존이시여, 이에 대해 조금만이라도 이야기해 주신다면 천·용·야차·건달바·아수라·가루라·긴나라·마후라가·인비인(人非人)들과 다른 국토에서 온 보살들과 이곳에 있는 성문 대중들이 듣고서 모두 기뻐할 것이옵니다."

　부처님께서 수왕화보살에게 이르셨다.

"아주 먼 옛날, 무량 항하사겁 전에 한 부처님이 계셨으니, 이름은 일월정명덕(日月淨明德)여래·응공·정변지·명행족·선서·세간해·무상사·조어장부·천인사·불세존이요, 그 부처님 밑에는 80억의 대보살마하살들과 72항하사만큼 많은 대성문(大聲聞)들이 있었느니라.

그 부처님의 수명은 4만 2천겁이었고, 보살들의 수명도 그와 같았으며, 그 나라에는 여인과 지옥·아귀·축생·아수라가 없었고 갖가지 재난이 없었느니라.

또 손바닥과 같이 평평하고 유리로 이루어진 땅에는 보배나무가 즐비하였는데, 그 나무를 보배그물로 감싸고 보배꽃을 수놓은 깃발을 드리웠으며, 보배로 된 항아리와 향로가 나라 안에 가득하였느니라. 또 칠보로 집을 만들되 나무 하나에 집이 하나씩 있었으며 그 보배나무들 아래에는 보살과 성문들이 앉아 있었고, 보배집 위쪽에는 백억이나 되는 천인들이 하늘의 음악을 연주하여 부처님을 찬탄하고 공양하였느니라.

그때 부처님께서는 일체중생희견보살(一切衆生喜見菩薩)을 비롯한 수많은 보살들과 성문들을 위해 법화경을 설했느니라. 고행을 즐겨 닦았던 일체중생희견보살은 일월정명덕불의 가르침을 닦고 익히며 일심으로 부처되기를 구한지 1만 2천년 만에 마침내 현일체색신삼매(現一切色身三昧)를 얻었는데, 이 삼매를 얻은 보살은 크게 환희하며 생각했느니라.

'내가 온갖 몸을 마음대로 나타낼 수 있는 현일체색신삼매를 얻은 것은 법화경을 들었기 때문이다. 내 마땅히 일월정명덕불과 법화경에 공양하리라.'

그리고는 곧 삼매에 들어, 만다라꽃과 마하만다라꽃과 가는 전단향가루를 비 내리듯이 하니 허공에 가득차서 구름처럼 내려왔고, 또 적은 양의 가치가 사바세계 전체의 값어치와 같은 해차안전단향(海此岸)을 비 내리듯이 내려 부처님께 공양하였으며, 공양을 마친 다음에는 삼매에서 일어나 생각했느니라.

'내 비록 신통력으로 일월정명덕불께 공양하였으나, 몸을 공양함만은 못하다.'

그리고는 곧 전단향·훈륙향(薰陸香)·도루바향(兜樓婆香)·필력가향(畢力迦香)·침수향(沈水香)·교향(膠香) 등의 좋은 향을 먹고, 또 첨복화 등의 갖가지 꽃에서 짠 향유를 1천 2백 년 동안 마신 다음, 몸에 향유를 바르고 일월정명덕불께 나아갔느니라.

그 앞에서 하늘의 보배 옷으로 몸을 감고 갖가지 향유를 몸에 부은 다음 신통력으로 자기의 몸을 스스로 태우니, 그 밝은 광명이 80억 항하사만큼 많은 세계들을 두루 비추었느니라. 그러자 그 세계에 계신 부처님들께서 동시에 찬탄했느니라.

'훌륭하구나, 선남자야. 이야말로 참된 정진이요 여래에 대한 참다운 법공양(法供養)이니, 꽃·향·

영락, 사르는 향과 가루 향과 바르는 향, 천상의 비단 깃발과 천개, 해차안전단향 등의 여러 가지 물건으로 공양을 할지라도 이에는 미치지 못하며, 설혹 나라와 아내와 자식 등을 보시할지라도 이에는 미치지 못하느니라.

선남자야, 이를 이름하여 제일의 보시라 하나니, 모든 보시 중에서 가장 존귀한 최상의 보시이니라. 왜냐하면 부처님께 법공양(法供養)을 하였기 때문이니라.'

부처님들은 이렇게 말씀하시고 모두들 침묵하셨으며, 일체중생희견보살의 몸은 1천 2백 년 동안 타오른 뒤에야 소멸되었느니라.

일체중생희견보살은 이와 같이 법공양을 마치고 죽은 다음에, 다시 일월정명덕불 나라의 정덕왕(淨德王) 가문에 어머니의 태를 거치지 않고 결가부좌를 한 채 홀연히 화생(化生)하여, 자신의 아버지에게 게송으로 말했느니라.

대왕이신 아버지여 마땅히 잘 아옵소서
저는지난 세상에서 정성다해 수행하여
일체색신 나타내는 깊은삼매 얻었으며
더욱힘써 정진하여 조그마한 미련없이
아끼는몸 모두태워 부처님께 공양함은
가장높은 무상지혜 구하고자 함입니다

그리고는 다시 아버지에게 말했느니라.
'일월정명덕불께서는 지금도 계시나이다. 저는 앞서 이 부처님께 공양한 다음에 모든 중생들의 말을 다 이해하는 다라니를 얻게 되었습니다. 또 법화경 8백천만억 나유타에 이르는 게송을 듣게 되었습니다. 부왕이시여, 저는 지금 이 부처님께 다시 공양을 하려 하옵니다.'

이렇게 말하고는 칠보로 된 좌대에 앉은 채 7다라수(多羅樹)(175m) 높이의 허공으로 올라갔고, 그대로 부처님 계신 곳으로 나아가 머리를 발에 대어 예배하고 게송으로 부처님을 찬탄하였느니라.

모습심히 진귀하고 미묘하온 세존께서
시방세계 가득하게 밝은광명 발하오니
일찍부터 부처님께 많은공양 올렸던 저
이제다시 돌아와서 부처님을 뵙나이다

 일체중생희견보살은 게송을 마친 다음 일월정명덕불께 여쭈었느니라.
 '세존이시여, 세존께서는 언제까지 세상에 계시나이까?'
 '선남자야, 내 이제 열반할 때가 되었고 내 몸이 사라질 때가 되었도다. 나에게 편안한 자리를 마련해다오. 오늘 밤에 열반에 들 것이다.'
 그리고는 일체중생희견보살에게 또 분부하셨느니라.

'선남자야, 이 불법을 그대에게 부촉하노라. 모든 보살들과 큰 제자들, 그리고 아뇩다라삼먁삼보리에 대한 가르침, 삼천대천의 칠보세계와 모든 보배나무와 보배집과 시중드는 천인 등을 너에게 모두 부촉하노라. 또 내가 멸도한 뒤에 나의 사리도 너에게 부촉하나니, 너는 이를 널리 유포시키고 널리 공양할 수 있게 1천개의 탑을 세울지니라.'

일월정명덕불은 이와 같이 분부하시고 한밤중에 열반에 드셨느니라.

부처님께서 멸도하시는 것을 본 일체중생희견보살은 몹시 슬퍼하고 괴로워하고 더욱 그리워하면서, 해차안전단향을 쌓고, 그 위에 부처님의 몸을 모신 다음 불태웠느니라. 불이 꺼지자 사리를 거두어 8만4천 개의 보배사리병에 넣어서, 표찰(表刹)과 각종 깃발과 천개(天蓋)와 보배방울로 장식한 8만4천 개의 탑을 세웠느니라. 이때 일체중생희견보살은 다시 생각했느니라.

'내 비록 이렇게 공양하였지만 마음이 흡족하지 않다. 다시 공양을 하리라.'

그리고는 보살 및 큰 제자들과 천·용·야차 등의 일체대중에게 말했느니라.

'그대들은 꼭 일심으로 생각하십시오. 내 이제 일월정명덕불의 사리에 공양하겠습니다.'

이렇게 말하고 곧 8만4천 탑 앞에서 백 가지 복덕을 지닌 팔을 7만2천 년 동안 태우면서 공양하여, 무수한 성문들과 한량없는 아승지 수의 사람들로 하여금 아뇩다라삼먁삼보리심을 내게 하였으며, 현일체색신삼매에 머물게 하였느니라.

그때 모든 보살들과 천인·인간·아수라 등은 그 보살에게 팔이 없는 것을 보고는 근심하고 슬퍼했느니라.

'아, 일체중생희견보살은 우리의 스승으로, 우리를 교화하기 위해 팔을 태워 불구가 되었구나.'

그러자 일체중생희견보살이 대중들 앞에서 서원을 하였느니라.

'내 두 팔을 바쳤으니, 반드시 부처님의 금빛 몸을 얻게 되어지이다. 그리고 이 말이 진실이라면 나의 두 팔도 다시 예전과 같이 되어지이다.'

이렇게 서원하자 두 팔이 저절로 예전과 같이 되었으니, 이는 이 보살의 복덕과 지혜가 두터웠던 까닭이니라. 그리고 그의 서원대로 되었을 때, 삼천대천세계가 여섯 가지로 진동하였고, 하늘에서는 보배의 꽃비를 내렸으며, 이를 본 모든 천인과 사람들은 일찍이 경험하지 못했던 일이라고 경탄하였느니라."

부처님께서 수왕화보살에게 이르셨다.

"네 생각에는 일체중생희견보살이 누구일 것 같으냐? 지금의 약왕보살이 바로 그이니라. 그는 이와 같이 몸을 버려 보시하기를 무량 백천만억 나유타수만큼 행하였느니라.

수왕화야, 만일 아뇩다라삼먁삼보리를 얻고자 하는 마음을 일으킨 이가 손가락이나 발가락 하나를 태워서 부처님의 탑에 공양하면, 이는 나라와 아내와 자식, 삼천대천국토의 산과 숲과 강과 못과 갖가지 진귀한 보물을 공양하는 것보다 더 훌륭하니라.

또 어떤 이가 칠보를 삼천대천세계에 가득 채워 부처님과 대보살과 벽지불과 아라한에게 공양할지라도, 그가 얻는 공덕은 이 법화경의 네 구절 한 게송을 받아 지닐 때 얻는 복보다 못하니라.

수왕화야, 마치 냇물·강물 등의 모든 물 가운데에서 바다가 으뜸이듯이, 법화경은 여래가 설한 여러 경전 가운데 가장 크고 깊으니라.

토산(土山)·흑산(黑山)·소철위산(小鐵圍山)·대철위산(大鐵圍山)·십보산(十寶山) 등의 여러 산들 가운데 수미산이 으뜸이듯이,

법화경은 여러 경전 가운데 가장 높으니라.

모든 별들 가운데 달이 으뜸이듯이, 법화경은 천만억종의 경전 가운데 가장 밝게 빛나느니라.

저 태양이 모든 어둠을 없애 버리듯이 법화경은 온갖 불선(不善)의 어둠을 능히 없애느니라.

모든 왕들 가운데 전륜성왕이 으뜸이듯이, 법화경은 여러 경전 가운데 가장 존귀하니라.

제석천이 삼십삼천의 왕인 것처럼, 법화경은 모든 경전의 왕이니라.

대범천왕이 일체 중생의 아버지인 것처럼, 법화경은 일체 현성(賢聖)과 유학(有學)·무학(無學)과 보살의 마음을 발한 이의 아버지가 되느니라.

모든 범부들 가운데 수다원(須陀洹)·사다함(斯陀含)·아나함(阿那含)·아라한(阿羅漢)과 벽지불(辟支佛)이 으뜸이듯이, 법화경은 여래가 설하고 보살이 설하고 성문이 설한 여러 경법(經法) 가운데 가장 으뜸이니라. 그리고 법화경을 받아 지니는 이 또한 일체 중생 가운데 으뜸이 되느니라.

일체 성문·벽지불 등의 수행자 가운데 보살이 으뜸이듯이, 법화경은 모든 경법 가운데 으뜸이 되며, 부처가 모든 법의 왕이듯이, 법화경은 여러 경전 가운데 왕이 되느니라.

수왕화야, 법화경은 일체 중생을 구하고, 법화경은 일체 중생으로 하여금 온갖 고뇌에서 벗어나게 하며, 법화경은 일체 중생을 크게 이롭게 하고 원하는 바를 만족시켜 주느니라.

목마른 이가 만족스럽게 갈증을 풀 수 있는 시원한 연못을 만나듯이, 추운 이가 불을 만나듯이, 헐벗은 이가 옷을 얻듯이, 상인이 물주(物主)를 만나듯이, 아이가 어머니를 만나듯이, 물을 건너는 이가 배를 만나듯이, 병든 이가 의사를 만나듯이, 어둠속에서 등불을 만나듯이, 가난한 이가 보물을 얻듯이, 백성이 현명한 왕을 만나듯이, 무역하는 이가 바다를 만나듯이, 횃불이 어둠을 몰아내듯이, 법화경도 능히 중생들의 온갖 괴로움과 온갖 병통(病痛)을 떠나게 하고, 능히 생사의 속박에서 벗어나게 해주느니라.

　만일 어떤 이가 이 법화경을 듣고 스스로 사경하거나 남에게 사경토록 하면, 그가 얻는 공덕은 부처님의 지혜로 헤아릴지라도 그 끝을 알 수가 없느니라. 또 법화경을 사경하여 거기에 꽃·향·영락, 사르는 향과 가루 향과 바르는 향, 깃발·천개·의복과 우유등·기름등·향유등·첨복기름등·수만나기름등·바라라기름등·바리사가기름등·유등·나바마리기름등 등의 갖가지 등불을 공양하면, 그가 얻는 공덕 또한 한량이 없느니라.

　수왕화야, 만일 어떤 이가 이 약왕보살본사품(藥王菩薩本事品)을 들으면 그 또한 한량없고 끝없는 공덕을 얻게 되며, 만일 어떤 여인이 약왕보살본사품을 듣고 능히 받아 지니면, 지금의 여자 몸을 마친 뒤에는 다시 여인의 몸을 받지 않게 되느니라.

또 여래가 멸도한 다음 5백 년 뒤에 어떤 여인이 법화경을 듣고 그대로 수행하면, 목숨을 마친 뒤에 대보살들이 아미타불(阿彌陀佛)을 둘러싸고 설법을 듣는 극락세계의 연화보좌(蓮華寶座) 위에 태어나서, 다시는 탐욕으로 인한 괴로움을 받지 않고, 성냄이나 어리석음으로 인한 괴로움을 받지 않으며, 교만·질투 등의 갖가지 번뇌로 인한 괴로움을 받지 않게 되느니라.

또 보살의 신통력을 얻고 무생법인(無生法忍)을 얻은 다음, 청정해진 눈으로 7백만 2천억 나유타 항하사만큼 많은 부처님들을 뵙게 되며, 그때 모든 부처님들이 멀리서 함께 찬탄을 하시느니라.

'착하고 훌륭하도다. 선남자야, 네가 능히 석가모니불의 법 가운데에서 법화경을 수지독송하고 사유하고 남을 위해 설하였구나. 네가 얻는 복덕은 한량없고 끝이 없어서 불로도 태울 수 없고 물로도 떠내려 보낼 수 없으며, 너의 공덕은 1천 명의 부처님이 함께 설하신다 해도 다 설하지 못하느니라. 너는 이제 모든 마군(魔軍)을 쳐부쉈고 생사(生死)라는 적군을 무너뜨렸으며, 원수와 적들을 모두 없애버렸도다.

선남자야, 수백 수천의 부처님들이 신통력으로 너를 수호하나니, 일체 세간의 천인과 인간들 가운데 여래를 제하고는 너와 같은 이가 없으며, 모든 성문·벽지불·보살들의 지혜와 선정도 너와 같은 이가 없느니라.'

수왕화야, 이 보살은 이러한 공덕과 지혜의 힘을 성취하게 되느니라.

만일 어떤 이가 이 약왕보살본사품을 듣고 정말 기뻐하고 찬탄을 하면, 그 사람의 입에서는 늘 푸른 연꽃 향기가 나고, 몸의 털구멍에서는 늘 우두전단 향기가 나며, 얻게 되는 공덕은 앞에서 설한 바와 같으니라.

수왕화야, 이 약왕보살본사품을 너에게 부

촉하노니, 내가 멸도하고 5백년이 지난 뒤에 이 사바세계에 널리 유포시켜 끊어지지 않도록 하여라. 또 악마와 악마의 권속들, 천·용·야차·구반다 등이 이 경을 멋대로 이용하지 못하게 하여라.

수왕화야, 너는 신통력으로 반드시 이 경을 수호해야 한다. 왜냐하면 이 경이 사바세계 사람들의 병을 고쳐주는 좋은 약이기 때문이니라. 만일 병 있는 이가 이 경을 들으면 모든 병이 곧 사라지고 늙지 않으며, 뜻하지 않은 죽음이 찾아오지 않느니라.

수왕화야, 만일 법화경을 받아 지니는 이를 보거든 푸른 연꽃과 가루향 한아름을 그에게 뿌려 공양하고, 이렇게 생각하여라.

'이 사람은 오래지 않아 도량에 풀을 깔고 앉아 모든 마구니를 물리칠 것이요, 법소라를 불고 큰 법고를 쳐서 일체 중생을 생로병사의 바다에서 건져내어 해탈하게 할 것이다.'

불도를 구하다가 법화경을 수지하는 이를 보게 되면, 반드시 이와 같은 공경심을 내어야 하느니라."

부처님께서 이 약왕보살본사품을 설하시자, 8만4천 보살들이 모든 중생들의 말을 이해하는 다라니를 얻었으며, 보탑 속의 다보여래께서는 수왕화보살을 찬탄하셨다.

"착하고 훌륭하도다. 수왕화야, 그대는 불가사의한 공덕을 성취하였기에, 능히 석가모니불께 이와 같은 일을 여쭈어 한량없는 중생들을 이롭게 하였구나."

〈제23 약왕보살본사품 끝〉

묘법연화경 제7권

제24 묘음보살품
第二十四 妙音菩薩品

 그때 석가모니불께서 32대인상(大人相)에 속하는 육계(髻)와 미간의 백호(白毫)에서 광명을 발하여, 8백만억 나유타 항하사만큼 많은 동쪽의 부처님세계를 모두 비추었다.

 그 많은 세계를 지나면 다시 한 세계가 있으니, 세계의 이름은 정광장엄(淨光莊嚴)이요, 한 분의 부처님이 계시니 이름이 정화수왕지여래(淨華宿王智)·응공·정변지·명행족·선서·세간해·무상사·조어장부·천인사·불세존이었다.

 이 부처님께서 당신을 공경하여 둘러싸고 있는 무량무변 보살 대중들에게 설법을 하고 계실 때, 석가모니불의 백호에서 나온 광명이 그 나라를 두루 비추었다.

이 정광장엄세계에는 묘음(妙音)이라는 보살이 있는데, 그는 오랫동안 갖가지 선근을 심었고, 한량없는 백천만억 부처님을 공양하고 가까이하여 매우 깊은 지혜를 성취하였으며, 묘당상(妙幢相)삼매·법화(法華)삼매·정덕(淨德)삼매·수왕희(宿王戲)삼매·무연(無緣)삼매·지인(智印)삼매·해일체중생어언(解一切衆生語言)삼매·집일체공덕(集一切功德)삼매·청정(淸淨)삼매·신통유희(神通遊戲)삼매·혜거(慧炬)삼매·장엄왕(莊嚴王)삼매·정광명(淨光明)삼매·정장(淨藏)삼매·불공(不共)삼매·일선(日旋)삼매 등 백천만억 항하사만큼 많은 큰 삼매들을 모두 얻었다.

묘음보살은 석가모니불의 광명이 자기의 몸에 비치자 정화수왕지불께 아뢰었다.

"세존이시여, 사바세계에 가서 석가모니불께 예배드리고 가까이에서 공양하고자 하옵니다. 또 문수사리법왕자보살과 약왕보살·용시(勇施)보살·수왕화보살·상행의(上行意)보살·장엄왕(莊嚴王)보살·약상(藥上)보살 등도 만나 보고자 하옵니다."

정화수왕지불께서 묘음보살에게 이르셨다.

"너는 저 사바세계를 업신여기거나 하찮다고 생각하지 말라. 저 사바세계의 땅은 높고 낮은 곳이 있어 평탄하지 않고 흙과 돌로 된 산들과 더러운 것들이 많으며, 그곳에 있는 부처님과 보살들의 몸은 매우 작으니라. 그런데 너의 몸은 크기가 4만 2천 유순이나 되고 나의 몸은 6백 8십만 유순이나 된다. 또 너의 몸은 아주 단정할 뿐 아니라 백천만 가지 복과 훌륭하고 묘한 빛을 띠고 있다. 그렇다고 하여 저 사바세계를 업신여기거나 그곳의 불보살과 국토를 하찮게 생각하여서는 안 되느니라."

묘음보살이 아뢰었다.

"부처님이시여, 제가 지금 사바세계로 갈 수 있는 것은 다 여래의 힘이요 여래의 자유자재한 신통력과 여래께서 지혜로 장엄한 공덕에 의해 가능한 것이옵니다."

그리고는 자리에서 일어나거나 몸을 움직이

지도 않고 삼매에 들었으며, 그 삼매의 힘으로 기사굴산에 있는 석가모니불의 법좌에서 멀지 않은 곳에 8만4천이나 되는 보배 연꽃을 만들어내었다. 그 연꽃들의 줄기는 염부단금으로 되어 있고, 잎사귀는 백은으로, 꽃술은 금강(金剛)으로, 꽃받침은 붉은 빛을 띤 견숙가보(甄叔迦寶)로 이루어져 있었다.

이때 문수사리법왕자가 이 연꽃들을 보고 부처님께 여쭈었다.

"세존이시여, 무슨 인연으로 이와 같은 상서(祥瑞)가 나타났나이까? 이 수많은 연꽃들의 줄기는 모두 염부단금으로 되어 있고 잎사귀는 백은으로, 꽃술은 금강으로, 꽃받침은 견숙가보로 되어 있나이다."

부처님께서 문수사리에게 이르셨다.

"이는 8만4천 보살들에게 둘러싸인 묘음보살마하살이 저 정화수왕지불의 국토에서 이 사바세계로 와서 나에게 공양하고 친근(親近)하고 예배를 하려 함이요, 또한 법화경에 공양하고 설법을 들으려 함이니라."

문수사리보살이 부처님께 여쭈었다.

"세존이시여, 이 보살은 어떠한 선근을 심고 어떠한 공덕을 닦았기에 이토록 큰 신통력을 지니게 되었나이까? 또 어떤 삼매를 익혔나이까? 원하옵건대 저희에게 그 삼매의 이름을 설하여 주옵소서. 저희 또한 그 삼매를 부지런히 익히고자 하옵니다. 그리고 이 보살의 모습이 큰지 작은지, 몸가짐이 어떠한지, 어떻게 나아가고 머무르는지를 보고 싶습니다. 원하옵건대 세존이시여, 신통력으로 저 보살을 오게 하시어 저희가 볼 수 있게 하옵소서."

석가모니불이 문수사리에게 이르셨다.

"오래전에 멸도하신 다보여래께서 너희를 위해 그의 모습을 반드시 나타내게 하시리라."

이때 다보불께서 묘음보살에게 이르셨다.

"선남자야, 오너라. 문수사리 법왕자가 너를

만나고 싶어 한다."

이에 묘음보살이 그 나라를 떠나 8만4천 보살들과 함께 오니, 그들이 지나는 국토마다 땅이 여섯 가지로 진동했고 칠보로 된 연꽃들이 비 오듯이 내렸으며 백천가지 하늘의 음악과 북이 저절로 울려 퍼졌다.

묘음보살의 눈은 마치 넓고 큰 푸른 연꽃잎과 같았고, 얼굴은 백천만개의 달을 합해 놓은 것보다 더 단정하였으며, 황금빛 몸은 한량없는 공덕으로 빛나고 있었고, 그 위엄과 덕은 타오르는 듯 빛을 발하고 있었다. 또 몸매는 마치 나라연금강(那羅延金剛)과 같이 견고하였다.

묘음보살은 칠보로 된 누각에 올라 7다라수 높이만큼 허공에 뜬 채, 여러 보살들의 공경을 받으며 이 사바세계의 기사굴산에 이르렀다. 그는 칠보 누각에서 내려와 백천이나 되는 영락을 가지고 석가모니불이 계신 곳으로 다가가서, 그 발에 머리를 숙여 예배하고 영락을 바친 다음 아뢰었다.

"세존이시여, 정화수왕지불께서 안부를 여쭈었나이다.

'건강하고 근심 없고 기거하기에 불편 없으시며, 안락하게 생활하시는지요? 몸은 편안하고 세상 일이 참을 만하신지요? 중생들을 제도하기는 쉬우신지요? 중생들이 혹 탐욕과 성냄과 어리석음과 질투와 인색함과 교만이 많지는 않은지요? 또 부모에게 불효하거나 승려를 공경하지 않으며, 삿된 생각과 악한 마음과 오정(五情, 기쁨·노여움·슬픔·욕심·증오)을 억제하지 못하는 중생들은 아닌지요? 중생들이 능히 마(魔)를 잘 굴복시키고 있는지요? 또 오래전에 멸도하신 다보여래께서도 오시어 칠보탑 안에서 설법을 듣고 계신지요?'

그리고 다보불께도 '안온하고 근심 없으시며 사바세계에 오래 머무실 만하신지요?'라는 안부를 여쭈었나이다.

세존이시여, 저는 다보불의 몸을 뵙고 싶나이다. 부디 뵐 수 있게 해주시옵소서."

이에 석가모니불이 다보불께 말씀드렸다.

"이 묘음보살이 뵙고 싶어합니다."

다보불께서 묘음보살에게 이르셨다.

"착하고 훌륭하도다. 석가모니불을 공양하고 법화경을 듣기 위해, 그리고 문수사리보살 등을 만나기 위해 여기까지 왔구나."

그때 화덕(華德)보살이 부처님께 여쭈었다.

"세존이시여, 이 묘음보살은 어떤 선근을 심었고, 어떤 공덕을 닦았기에 이러한 신통력을 지니게 되었나이까?"

부처님께서 화덕보살에게 이르셨다.

"과거 세상에 부처님이 계셨으니, 이름은 운뢰음왕(雲雷音王)여래·응공·정변지요, 나라 이름은 현일체세간(現一切世間)이며, 겁 이름은 희견(喜見)이었느니라. 그때 묘음보살은 1만 2천 년 동안 10만 가지 음악을 운뢰음왕불께 공양하였고, 또 칠보로 된

발우 8만4천 개를 공양하였느니라. 이 인연의 과보로 지금 정화수왕지불의 국토에 태어났고, 이러한 신통력을 지니게 되었느니라.

화덕아, 그때 운뢰음왕불 밑에서 음악을 공양하고 보배그릇을 바친 이가 묘음보살과 다른 이라고 느껴지느냐? 아니다. 그가 바로 지금의 이 묘음보살이니라.

화덕아, 이 묘음보살은 일찍이 한량없는 부처님들을 만나 뵙고 공양하고 오래도록 선근을 심었으며, 또 항하사만큼 많은 백천만억 나유타 부처님들을 만나 뵈었느니라.

화덕아, 너는 묘음보살의 몸이 여기에만 있다고 여기겠지만, 묘음보살은 여러 가지 몸을 여러 곳에 나타내어 중생들을 위해 법화경을 설하고 있나니, 때로는 범천왕의 몸을 나타내기도 하고, 때로는 제석천·자재천·대자재천의 몸을 나타내기도 하고, 때로는 천상대장군과 비사문천왕(毘沙門天王)의 몸을 나타내어 법화경을 설하느니라.

또 전륜성왕의 몸을 비롯하여 작은 나라 왕들의 몸이나 장자(長者)·거사·재상·관리·바라문의 몸을 나타내기도 하고, 비구·비구니·우바새·우바이의 몸을 나타내기도 하고, 장자·거사 부인의 몸이나 재상·관리·바라문 부인의 몸을 나타내어 법화경을 설하느니라.

또 동남·동녀의 몸을 나타내기도 하고, 때로는 천·용·야차·건달바·아수라·가루라·긴나라·마후라가·인비인 등의 몸을 나타내어 법화경을 설하느니라.

그리고 지옥·아귀·축생의 세계와 불도를 닦기 어려운 곳에 모습을 나타내어 그곳에 있는 이들을 구제하며, 심지어 왕의 후궁(後宮)에 여인의 몸을 나타내어 법화경을 설하느니라.

화덕아, 묘음보살은 사바세계의 중생들을 구호(救護)하는 보살로, 사바세계에 있으면서 갖가지 몸을 나타내어 중생들을 위해 법화경을 설하지만, 신통력이나 지혜는 조금도 손상되지 않느니라.

이 보살은 사바세계를 큰 지혜로 밝게 비추어 중생들이 각기 알아야 할 바를 알게 할 뿐 아니라, 시방의 항하사만큼 많은 세계에서도 이와 같이 하느니라.

만일 성문의 모습으로 제도할 이에게는 성문의 모습을 나타내어 법을 설하고, 벽지불의 모습으로 제도할 이에게는 벽지불의 모습을 나타내어 법을 설하고, 보살의 모습으로 제도할 이에게는 보살의 모습을 나타내어 법을 설하고, 부처의 모습으로 제도할 이에게는 부처의 모습을 나타내어 법을 설하며, 심지어 멸도하는 모습을 보여야만 제도할 수 있는 이에게는 멸도하는 모습을 나타내는 등, 그 제도할 바를 따라 여러 가지 모습을 나타내느니라.

화덕아, 묘음보살마하살이 성취한 대신통과 대지혜의 힘은 이와 같으니라."

화덕보살이 부처님께 여쭈었다.

"세존이시여, 과연 묘음보살은 깊은 선근을 심은 분이옵니다. 세존이시여, 이 보살은 어떤 삼매에 머물기에 이처럼 여러 곳에다 갖가지 모습을 나타내어 중생들을 제도할 수 있나이까?"

부처님께서 화덕보살에게 이르셨다.

"선남자야, 그 삼매의 이름은 현일체색신삼매(現一切色身三昧)이니라. 묘음보살은 이 삼매에 머물고 있기 때문에 한량없는 중생을 능히 이롭게 할 수 있느니라."

부처님께서 이 묘음보살품(妙音菩薩品)을 설하시자, 묘음보살과 함께 온 8만4천 보살 모두는 현일체색신삼매를 얻었으며, 이 사바세계의 한량없는 보살들도 이 삼매와 다라니를 얻었다.

그때 묘음보살마하살은 석가모니불과 다보불의 탑에 공양을 올린 다음 본국으로 돌아갔으니, 그들이 지나가는 나라마다 땅이 여섯 가지로 진동했고 보배연꽃이 비처럼 내렸으며 백천만억의 음악이 저절로 울려 퍼졌다. 그리고 본국에 당도한 묘음보살은 8만4천 보살들에게 둘러싸인 채 정화수왕지불이 계신 곳으로 나아가 아뢰었다.

"세존이시여, 사바세계에 가서 중생들을 이롭게 하고 돌아왔나이다. 또 석가모니불과 다보불의 탑을 친견하고 예배드리고 공양하였으며, 문수사리법왕자보살과 약왕보살·득근정진력(得勤精進力)보살·용시보살 등도 만나 보았나이다. 그리고 저와 함께 간 8만4천 보살들은 현일체색신삼매를 얻게 되었나이다."

이 묘음보살품을 설하는 동안, 4만2천에 이르는 천인들이 무생법인을 얻었으며, 화덕보살은 법화삼매를 얻었다.

〈제24 묘음보살품 끝〉

제25 관세음보살보문품
第二十五 觀世音菩薩普門品

그때 무진의보살(無盡意菩薩)이 자리에서 일어나 오른쪽 어깨를 드러낸 다음, 부처님을 향해 합장을 하고 여쭈었다.

"세존이시여, 관세음보살은 어떠한 인연으로 이름을 관세음(觀世音)이라 하게 되었나이까?"

부처님께서 무진의보살에게 이르셨다.

"선남자여, 만약 백천만억의 한량없는 중생이 여러 가지 괴로움을 받게 되었을 때 관세음보살의 이름을 듣고 일심으로 그 명호를 부르면, 관세음보살은 즉시 그 음성(音聲)을 관(觀)하여 모두에게 해탈을 얻을 수 있게 하느니라.

만일 이 관세음보살의 명호를 지니고 외우

면 큰불〔大火〕 속에 들어가게 될지라도 불이 그를 태우지 못하나니, 이는 관세음보살의 위신력(威神力)때문이니라.

또 큰물〔大水〕에 빠져 표류할지라도 관세음보살의 명호를 부르면 곧 얕은 곳에 이르게 되느니라.

만일 백천만억의 중생이 금·은·유리·자거·마노·산호·호박·진주 등의 보배를 구하기 위해 큰 바다로 나아갔다가 모진 바람〔黑風〕을 만나 배가 나찰귀(羅刹鬼)의 나라에 이르게 되었을지라도, 그 가운데 한 사람만이라도 관세음보살의 명호를 부르는 이가 있으면 모든 사람들이 나찰의 환란에서 해탈하게 되나니, 이러한 인연으로 인해 이름을 관세음이라 하게 되었느니라.

또 어떤 사람이 몸에 피해를 입게 되었을 때 관세음보살의 명호를 부르면, 해치고자 했던 이의 손에 들린 칼이나 몽둥이〔刀杖〕가 조각조각 부서져 해탈을 얻게 되느니라.

만일 삼천대천국토에 가득한 야차와 나찰들이 와서 괴롭히고자 하여도, 관세음보살의 명호를 부르는 소리를 듣게 되면 이 모든 악귀(惡鬼)들이 악한 눈으로 그 사람을 볼 수조차 없게 되거늘, 어떻게 해를 입힐 수가 있겠느냐.

또 어떤 사람이 죄가 있거나 죄가 없거나 수갑과 쇠고랑과 형틀 등에 그 몸을 결박당하게 되었을 때, 관세음보살의 명호를 부르면 모두 끊어지고 부수어져 곧 해탈을 얻게 되느니라.

만일 삼천대천국토 속의 도적떼가 가득한 험한 길을 한 상주(商主)가 여러 상인들을 거느리고 값진 보배를 휴대하여 지나갈 때 그들 중 한 사람이 말하기를, '선남자들이여, 두려워하지 말고 일심으로 관세음보살의 명호를 부르십시오. 관세음보살님은 중생들을 두려움에서 건져주시는 분입니다. 그대들이 그 명호를 부르면 틀림없이 도적떼의 피해를 벗어날 수 있습

니다.'

상인들이 이 말을 듣고 함께 '나무관세음보살'을 부르면, 그 명호를 부르는 공덕으로 곧 해탈을 얻게 되느니라.

무진의야, 관세음보살마하살 위신력의 높고 큼은 이와 같으니라.

만일 어떤 중생이 음욕심(姪欲心)이 많을지라도 항상 관세음보살을 생각하고 공경하면 문득 음욕을 여의게 되고,

성을 잘 낼지라도 항상 관세음보살을 생각하고 공경하면 문득 성냄을 여의게 되며,

어리석음이 많을지라도 항상 관세음보살을 생각하고 공경하면 문득 어리석음을 여의게 되느니라.

무진의야, 관세음보살에게는 이와 같은 대(大)위신력(威神力)이 있어 넉넉하고 풍족한 이익을 베풀어 주나니, 그러므로 중생들은 늘 마음으로 그를 생각해야 하느니라.

또 어떠한 여인이 아들을 얻고자 하여 관세음보살에게 예배하고 공양하면 복덕과 지혜를 갖춘 아들을 낳고, 딸을 얻고자 하면 문득 인물이 단정하고 아름다운 딸을 낳으리니, 그 자녀들은 숙세에 덕(德)의 근본을 심었기 때문에 많은 사람들의 사랑과 존경을 받게 되느니라. 무진의야, 관세음보살은 이와 같은 힘이 있느니라.

만일 어떠한 중생이라도 관세음보살을 공경하고 예배하면 그 복이 결코 헛되지 않나니, 이와 같은 까닭으로 중생들은 마땅히 관세음보살의 명호를 수지(受持)해야 하느니라.

무진의야, 만일 어떤 사람이 62억 항하사만큼 많은 보살의 이름을 수지하고, 다시 그의 목숨이 다할 때까지 음식과 의복과 침구와 의약으로 공양을 한다면, 네 생각은 어떠하냐? 이 선남자 선여인의 공덕이 많겠느냐 적겠느냐?"

무진의보살이 아뢰었다.

"매우 많겠나이다, 세존이시여."

부처님께서 이르셨다.

"만일 또 다른 어떤 사람이 있어 관세음보살의 명호를 수지하고 한 때라도 예배공양을 하면 이 두 사람의 복이 꼭 같아 다름이 없으며, 백천만억겁이 지날지라도 그 복은 다함이 없느니라. 무진의야, 관세음보살의 이름을 수지하면 이와 같이 한량 없고 끝이 없는 복덕과 이익을 얻게 되느니라."

무진의보살이 부처님께 아뢰었다.

"세존이시여, 관세음보살은 어떠한 모습으로 이 사바세계(娑婆世界)에서 노니시고, 어떠한 방법으로 중생을 위해 법을 설하시며, 그 방편의 힘은 어떠하옵니까?"

부처님께서 무진의보살에게 이르셨다.

"선남자야, 관세음보살은 모든 국토의 중생들 중에서, 부처의 모습으로 응하여 제도해야 할 이에게는 부처의 모습을 나타내어 법을 설하고, 벽지불의 모습으로 제도해야 할 이에게는 벽지불의 모습을 나타내어 법을 설하며, 성문(聲聞)의 모습으로 제도해야 할 이에게는 성문의 모습을 나타내어 법을 설하느니라.

범천왕(梵天王)의 모습으로 제도해야 할 이에게는 범천왕의 모습을 나타내어 법을 설하고, 제석천(帝釋天)의 모습으로 제도해야 할 이에게는 제석천의 모습을 나타내어 법을 설하며, 자재천(自在天)의 모습으로 제도해야 할 이에게는 자재천의 모습을 나타내어 법을 설하며, 대자재천(大自在天)의 모습으로 제도해야 할 이에게는 대자재천의 모습을 나타내어 법을 설하며, 천대장군(天大將軍)의 모습으로 제도해야 할 이에게는 천대장군의 모습을 나타내어 법을 설하며, 비사문천왕(毘沙門天王)의 모습으로 제도를 해야 할 이에게는 비사문천왕의 모습을 나타내어 법을 설하느니라.

인간세계 왕(王)의 모습으로 제도해야 할 이에

게는 인간세계 왕의 모습을 나타내어 법을 설하고, 장자(長者)의 모습으로 제도해야 할 이에게는 장자의 모습을 나타내어 법을 설하며, 거사(居士)의 모습으로 제도해야 할 이에게는 거사의 모습을 나타내어 법을 설하며, 재상(宰相)과 같은 관리(官吏)의 모습으로 제도해야 할 이에게는 재관(宰官)의 모습을 나타내어 법을 설하며, 바라문(波羅門)의 모습으로 제도해야 할 이에게는 바라문의 모습을 나타내어 법을 설하며, 비구(比丘)·비구니(比丘尼)·우바새(優婆塞)·우바이(優婆夷)의 모습으로 제도해야 할 이에게는 비구·비구니·우바새·우바이의 모습을 나타내어 법을 설하며, 장자·거사·재관·바라문의 부인(婦人) 모습으로 제도해야할 이에게는 그 부인들의 모습을 나타내어 법을 설하며, 동남(童男)·동녀(童女)의 모습으로 제도해야 할 이에게는 동남·동녀의 모습을 나타내어 법을 설하느니라.

또 천·용·야차·건달바·아수라·가루라·긴나라·마후라가·인비인(人非人) 등의 모습으로 제

제25 관세음보살보문품 · 133

도해야 할 이에게는 천·용 등의 모습을 나타내어 법을 설하고, 집금강신(執金剛神)의 모습으로 제도해야 할 이에게는 집금강신의 모습을 나타내어 법을 설하느니라.

무진의야, 공덕을 성취한 관세음보살은 이와 같은 다양한 모습으로 모든 국토를 다니면서 중생을 제도하고 해탈케 하느니라. 그러므로 너희는 마땅히 일심으로 관세음보살을 공양해야 하느니라.

이 관세음보살마하살은 두렵고 급한 환란에 처했을 때 능히 두려움을 없애주나니, 그래서 사바세계에서는 그를 일러 '두려움을 없게 하여주는 이〔施無畏者(시무외자)〕'라고 하느니라."

무진의보살이 부처님께 아뢰었다.

"세존이시여, 저는 지금 관세음보살께 공양을 올리고자 하옵니다."

그리고는 곧바로 수많은 보석으로 이루어진 백천냥금의 가치를 지닌 목걸이를 풀어 바치면서 말하였다.

"어진이시여, 이 법시(法施)의 진귀한 보배 목걸이를 받아주소서."

관세음보살이 받으려 하지 않자, 무진의보살이 다시 말하였다.

"어진이시여, 저희들을 불쌍히 여겨 이 목걸이를 받아주소서."

부처님께서 관세음보살에게 이르셨다.

"마땅히 무진의보살을 비롯한 사부대중과 천·용·야차·건달바·아수라·가루라·긴나라·마후라가·인비인 등을 불쌍히 여겨 목걸이를 받도록 하라."

그러자 관세음보살은 사부대중과 천·용·인비인 등을 불쌍히 여겨 목걸이를 받은 다음에 둘로 나누어, 한 몫은 석가모니불께 바치고 한 몫은 다보여래(多寶如來)의 탑에 바쳤다.

"무진의여, 관세음보살에게는 이와 같은 자재한 신통력이 있어 사바세계를 자유로이 노니느니라."
 그때 무진의보살이 게송으로 여쭈었다.

묘한상호 남김없이 구족하신 세존이여
제가다시 여쭈오니 그어떠한 인연으로
저불자는 관세음의(觀世音) 이름얻게 되었나요

 묘한 상호 구족하신 세존께서 게송으로 무진의보살에게 답하셨다.

어디에나 응현하는(應現) 관세음의 자비행을
내가다시 설하리니 마음모아 잘들어라
관세음의 큰서원이 바다같이 깊은것은
부사의한 오랜세월 천만억불 모시고서
맑고밝은 대원들을(大願) 발하였기 때문이다
내가다시 너를위해 간략하게 설하리니
관세음의 이름듣고 그의모습 바라보며
마음모아 지극하고 간절하게 생각하면

능히 모든 괴로움을 남김없이 멸하리라
가령 어떤 사람 있어 해치려는 생각 품고
타오르는 불 속으로 힘껏 밀어 넣더라도
일심으로 저 관음을 생각하는 힘에 의해
불구덩이 문득 변해 연못으로 바뀌노라
만일 넓은 바다에서 정처없이 헤매면서
용과 귀신 물고기의 재난 속에 처하여도
일심으로 저 관음을 생각하는 힘에 의해
성난 파도 속에서도 죽지 않고 무사하며
수미산과 같이 높은 봉우리에 서 있을 때
갑작스레 어떤 이가 밀어 추락 하더라도
일심으로 저 관음을 생각하는 힘에 의해
해와 같이 허공 중에 머무르게 되느니라
흉악스런 사람들이 뒤쫓아와 피하다가
금강산과 같은 데서 굴러 떨어 질지라도
일심으로 저 관음을 생각하는 힘에 의해
몸은 물론 털끝 하나 상하지가 않게 되며
원수들과 도둑들이 주위에서 에워싸고

칼을 들고 죽이거나 해치고자 할지라도
일심으로 저 관음을 생각하는 힘에 의해
그들 모두 마음돌려 자비심을 일으킨다
나라법에 잘못걸려 벌을받는 고난만나
형을 받고 죽을때가 임박했다 할지라도
일심으로 저 관음을 생각하는 힘에 의해
칼날 등의 흉기들이 조각 조각 부서지고
불행하게 옥에갇혀 큰칼쓰고 앉았거나
손과 발이 쇠고랑에 묶여있다 할지라도
일심으로 저 관음을 생각하는 힘에 의해
시원스레 풀어져서 벗어나게 될것이며
주술들과 저주들과 여러가지 독약으로
해치고자 하는사람 생겨났다 할지라도
일심으로 저 관음을 생각하는 힘에 의해
해치려던 그사람이 해를입게 되느니라
흉악하기 그지없는 나찰들을 만나거나
독룡이나 여러악귀 부딪히게 될지라도
일심으로 저 관음을 생각하는 힘에 의해

그 무엇도　그를 감히　해칠 수가　없게 되고
포악스런　짐승들이　사방에서　에워싸고
날카로운　이빨들과　발톱으로　위협해도
일심으로　저 관음을　생각하는　힘에 의해
아득하니　먼 곳으로　흩어져서　달아나며
살모사등　독사들과　전갈등의　독충들이
타는 불의　연기처럼　독의 기운　뿜어내도
일심으로　저 관음을　생각하는　힘에 의해
문득 독기　뿜어냄을　멈추고서　돌아가며
먹구름이　덮히면서　천둥 번개　마구치고
우박들과　소나기가　쏟아지듯　퍼부어도
일심으로　저 관음을　생각하는　힘에 의해
삽시간에　먹구름이　걷히면서　흩어진다
중생들이　여러가지　곤란 액난　당하거나
한량없는　고통들이　몸을 핍박　하게 될때
저 관음은　묘하고도　지혜로운　능력으로
세간 속의　고통에서　능히 구해　주느니라
신통력과　지혜 방편　널리 닦아　갖췄기에

시방 모든 국토에다 몸을 두루 나타내어
지옥 아귀 축생계와 나쁜 세계 중생들의
나고 늙고 병들어서 죽게 되는 고통들을
관세음은 차츰차츰 모두 없애 주느니라
참된 진관(眞觀) 청정관(淸淨觀)과 광대지혜(廣大知慧) 관(觀)과 함께
비관(悲觀)으로 슬피보고 자관(慈觀)으로 사랑하니
어디서나 늘 원하고 늘 우러러 볼지니라
맑고 밝고 티가 없는 청정 광명 뿜어내니
해와 같은 그 지혜로 모든 어둠 몰아내고
풍재화재(風災火災) 온갖 재앙 풍파들을 물리쳐서
이 세간을 두루두루 밝게 비춰 주느니라
슬퍼하는 그 마음은 천둥되어 진동하고
자애로운 그 마음은 크고 묘한 구름되어
감로수와 같은 법비 고루고루 내려주어
중생들의 번뇌 불길 모두 없애 주느니라
나쁜 일로 소송당해 관청으로 나가거나
두렵기가 그지없는 전쟁터에 있더라도
일심으로 저 관음을 생각하는 힘에 의해

모든원결 다 풀리고 적군들이 물러간다
관세음은(觀世音) 묘음이요(妙音) 범음이요(梵音) 해조음에(海潮音)
이세간을 뛰어넘은 승피세간(勝彼世間) 음이니라(音)
어느때나 모름지기 관세음을 생각하되
잠시잠깐 한 생각도 의심하지 말지어다
청정하고 거룩하기 그지없는 관세음은
고통번뇌 죽음질병 불행한일 당했을때
굳게믿고 의지하면 능히감싸 주느니라
관세음은 일체공덕 두루모두 갖춤이요
자비로운 그눈으로 중생들을 보살피고
한량없는 복덕들이 모여드는 바다이니
응당모두 머리숙여 예배해야 하느니라

그때 지지보살(持地菩薩)이 자리에서 일어나 부처님 앞으로 나아가 아뢰었다.

"세존이시여, 중생들 중에 이 관세음보살보문품(觀世音菩薩普門品)의 자유자재한 업(業)과 보문(普門)을 나타내는 신통력에 대해 듣는 이가 있으면, 이 사람의 공덕이 결코 적지 않다는 것을 능히 알겠나이다."

부처님께서 이 보문품을 설하실 때, 대중 가운데 8만4천 중생이 무엇과도 비교할 수 없는 아뇩다라삼먁삼보리심을 발하였다.

〈제25 관세음보살보문품 끝〉

제26 다라니품
第二十六 陀羅尼品

그때 약왕보살이 자리에서 일어나 오른쪽 어깨를 드러낸 다음, 부처님을 향해 합장을 하고 여쭈었다.

"세존이시여, 선남자 선여인이 법화경을 수지하고 독송하여 그 내용을 통달하고 사경을 하면 얼마나 많은 복을 얻게 되나이까?"

부처님께서 약왕보살에게 이르셨다.

"만일 어떤 선남자 선여인이 8백만억 나유타 항하사만큼 많은 부처님들께 공양하였다면, 너는 어떻게 생각하느냐? 그가 얻는 복이 많겠느냐?"

"매우 많겠나이다, 세존이시여."

"만일 선남자 선여인이 법화경의 네 구절로 된 게송 하나만이라도 수지독송하여 그 뜻을 이해하고 설한대로 수행하면, 앞의 공덕보다 이 공덕이 더 많으니라."

그러자 약왕보살이 부처님께 아뢰었다.

"세존이시여, 제가 이제 이 법화경을 설하는 이들에게 그들을 수호해 줄 다라니주(陀羅尼呪)를 주겠나이다."

아니 마니 마네 마마네 지레 자리제 샤마 가리디위 선제 목제 목다리 사리 아위사리 상리 사리 사예 아사예 아기니 선제 사리 다라니 아로가바사 프라타베 로사니 니디루 아반타라니비스테 아반타라바리숫다 구구레 모구레 아라레 바라레 수가차 아사마사에 붓다비기리키제 달마바리차제 상가니르고사제 바사바사수지 만다라 만다라샤야다 우루다

우루다교사라 악샤라 악사야다야 아바로 아마야나다야

"세존이시여, 이 다라니신주(神呪)는 62억 항하사만큼 많은 부처님들께서 설하신 것으로, 만일 법사를 방해하거나 헐뜯으면, 이는 곧 부처님들을 방해하고 헐뜯는 것이 되옵니다."

부처님께서 약왕보살을 칭찬하며 이르셨다.

"착하고 훌륭하구나, 약왕아. 법화경을 설하는 법사를 어여삐 여겨 지켜 주고자 이 다라니를 설하였구나. 많은 중생들이 큰 이익을 얻게 될 것이다."

그때 용시보살(勇施菩薩)이 부처님께 아뢰었다.

"세존이시여, 저도 법화경을 수지독송하는 이들을 지켜주기 위해 다라니를 설하겠나이다. 만일 법사가 이 다라니를 지니면 야차·나찰, 열병귀신인 부단나(富單那), 악귀인 길자(吉蔗)·구반다·아귀 등이 그의 약점을 아무리 찾으려 해도 찾지

제26 다라니품 · 145

못하게 되옵니다."

자레 마하자레 우지 모지 아레 아라바제 열레제 열레다바제 이지니 위지니 지지니 열레지니 열레버바지

"세존이시여, 이 다라니 신주는 항하사만큼 많은 부처님들께서 설하시고 기뻐하신 것이옵니다. 그러므로 이 법사를 방해하거나 헐뜯으면, 그것은 곧 부처님들을 방해하고 헐뜯는 것이 되옵니다."

그때 세상을 수호하는 비사문천왕(毘沙門天王)이 부처님께 아뢰었다.

"세존이시여, 저 또한 중생들을 어여삐 여기고 법화경을 설하는 법사를 지켜 주기 위해 다라니를 설하겠나이다."

아리 나리 노나리 아나로 나리 구나리

"세존이시여, 이 신주로 법사를 지키고, 저 또한 법화경을 지니는 이들을 옹호하여 1백 유순 안에서는 어떠한 재앙도 없도록 하겠나이다."

그때 대중 속에 있던 지국천왕(持國天王)이 천만억 나유타 수의 건달바들에게 둘러싸여 공경을 받으며 부처님 앞으로 나아가 합장하고 아뢰었다.

"저 또한 다라니 신주로 법화경을 지니는 이를 지키겠습니다."

아가네 가네 구리 건다리 전다리 마등기 상구리 부루사니 알지

"세존이시여, 이 다라니 신주는 42억 부처님들께서 설하신 것입니다. 그러므로 이 법사를 방해하거나 헐뜯으면, 곧 부처님들을 헐뜯는 것이 되옵니다."

그때 남바(藍婆)라는 이름을 가진 나찰녀(羅刹女)를 비롯하여 비람바(毘藍婆)·곡치(曲齒)·화치(華齒)·흑치(黑齒)·다발(多髮)·무염족(無厭足)·지영락(持瓔珞)·고제(皐帝)·탈일체중생정기(奪一切衆生精氣) 등 10명의 나찰녀는 귀자모(鬼子母)와 그녀의 아들, 그리고 권속들과 함께 부처님께로 나아가 함께 아뢰었다.

"세존이시여, 저희 또한 법화경을 받아 수지 독송하는 이를 옹호하여 모든 재앙을 없애 주고자 하옵니다. 그리고 만일 어떤 이가 법사의 단점을 찾아내려고 하면 끝내 단점을 찾지 못하도록 하겠나이다."

이제리 이제미 이제리 아제리 이제리 니리 니리 니리 니리 니리 루헤 루헤 루헤 루헤 다헤 다헤 다헤 도헤 로헤

"차라리 나의 머리 위에 오를지언정 법사를 괴롭히지 말라. 나찰이든 아귀든 부단나든 길자든 비다라(毗陀羅)든 건타(揵駄)든 오마륵가(烏摩勒伽)든 아발마라(阿跋摩羅)

든 야차길자(夜叉吉蔗)든 인길자(人吉蔗)(마술사)든, 하루·이틀·사흘·나흘·이레 또는 항상 열병을 앓게 하는 그 어떤 귀신이라도 법사를 괴롭히지 말며, 남자모습·여자모습·동남·동녀 모습으로 나타나 꿈속에서라도 법사를 괴롭히지 말라."

그리고는 부처님께 게송으로 아뢰었다.

저의주문	순종않고	이법사를	괴롭히면
아리수의	가지처럼	머리일곱	조각내고
부모죽인	죄인처럼	기름짜듯	주리틀고
무게부피	속인이와	승단화합	깨뜨렸던
제바달다	경우처럼	큰고통을	받으리다

나찰녀들이 다시 부처님께 아뢰었다.

"세존이시여, 저희는 법화경을 수지독송하고 가르침대로 수행하는 이를 옹호하여, 안온함을 얻게 하고 재앙들을 여의게 하며 모든 독약을 없애겠나이다."

세존께서 나찰녀들에게 이르셨다.

"착하고 훌륭하구나. 너희가 단지 법화경의 이름만을 수지하는 이만 수호한다고 해도 그 복이 무량한데, 하물며 법화경을 수지하여 꽃과 향과 영락, 가루 향과 바르는 향과 사르는 향, 깃발·천개·기악(伎樂)과 우유등·기름등·향유등·수만화기름등·첨복화기름등·바사가화기름등·우발라화기름등 등의 백천가지 공양물로 공양하는 법사를 수호하는 복이야 어떠하겠느냐?

고제 등의 나찰녀들아, 너희는 권속들과 함께 이와 같은 법사들을 잘 옹호해야 하느니라."

부처님께서 이 다라니품을 설하여 마치자, 6만8천 인이 무생법인(無生法忍)을 얻었다.

〈제26 다라니품 끝〉

제27 묘장엄왕본사품
第二十七 妙莊嚴王本事品

그때 부처님께서 대중들에게 이르셨다.

"옛날 한량없고 끝이 없는 불가사의 아승지 겁 전에 부처님이 한 분 계셨으니, 이름은 운뢰음수왕화지여래·응공·정변지요, 그 나라 이름은 광명장엄이며, 겁의 이름은 희견이었느니라. 그 부처님 계실 때 한 왕이 있었으니 이름이 묘장엄이요, 부인의 이름은 정덕이며, 아들 둘의 이름은 각각 정장과 정안이었느니라.

이 두 아들은 큰 신통력과 복덕과 지혜를 겸비하고 있었으니, 오래도록 보살이 행하는 도인 보시바라밀·지계바라밀·인욕바라밀·정진바라밀·선정바라밀·반야바라밀·방편바라밀과 자비희사·삼십칠품조도법(三十七品助道法) 등을 닦아 명료하게 통달하였느니라. 또 보살의 정삼매(淨三昧)와 일성수삼매(日星宿三昧)·정광삼매(淨光三昧)·정색삼매(淨色三昧)·정조명삼매(淨照明三昧)·장장엄삼매(長莊嚴三昧)·대위덕장삼매(大威德藏三昧) 등을 얻었고, 이러한 삼매들을 막힘없이 명료하게 통달하였느니라.

운뢰음수왕화지불은 묘장엄왕을 인도함과 동시에 중생들을 불쌍히 여겨 법화경을 설하셨고, 그때 정장과 정안은 어머니에게로 가서 합장하고 청했느니라.

'어머니시여, 운뢰음수왕화지불이 계신 곳에 가십시오. 저희들도 어머니와 함께 가서 친히 뵙고 공양예배코자 하옵니다. 왜냐하면 이 부처님께서 모든 천인과 인간들을 위해 지금 법화경을 설하고 계시기 때문입니다. 반드시 가셔서 듣고 믿으심이 좋을 듯합니다.'

이에 어머니는 아들들에게 말했느니라.

'외도(外道)를 믿는 너희 아버지는 지금 바라문의

가르침에 깊이 매료되어 계신다. 우선 아버님께 가서 말씀드리고 모시고 가는 것이 좋을 것 같구나.'

정장과 정안은 합장하고 어머니에게 물었느니라.

'저희는 법왕의 아들인데, 어찌하여 삿된 가르침을 믿는 집안에 태어났습니까?'

'그러니 너희는 아버님을 생각해서라도 반드시 신통 변화를 나타내어야 한다. 만일 네 아버지가 보시면 반드시 마음이 청정해져서, 우리가 부처님 계신 곳으로 가는 것을 허락하실 것이다.'

이리하여 두 아들은 아버지를 위해 7다라수 높이의 허공으로 솟아올라 여러 가지 신통 변화를 나타내되, 허공에서 걷거나 머물거나 앉거나 눕는 등의 갖가지 모습을 보였느니라.

또한 몸 위쪽으로 물을 뿜어내고 몸 아래로 불을 뿜어내는가 하면, 허공에 꽉 찰 정도의 큰 몸으로 변하였다가 작은 몸으로 변화하고, 작은 몸에서 다시 큰 몸으로 변화시키기도 하였느니라.

그리고 허공에서 갑자기 사라져 땅 속을 물 속 드나들 듯이 자유로이 하였고, 물 위를 땅 위 걷듯이 하는 등, 갖가지 신통 변화를 나타내어 부왕의 마음을 청정하게 만들었고 믿음이 생겨나도록 하였느니라.

이때 아버지는 일찍이 보지 못하였던 아들들의 신통력을 보고 크게 기뻐하면서 아들을 향해 합장을 하고 물었느니라.

'너희들의 스승은 누구냐? 너희는 누구의 제자냐?'

'대왕이시여, 지금 칠보로 된 보리수 아래의 법좌에 앉아 천인과 인간들을 위해 법화경을 널리 설하고 계시는 운뢰음수왕화지불이 저희의 스승이시며, 저희는 그분의 제자입니다.'

'내 지금 너희들의 스승을 뵙고 싶구나. 함

께 가도록 하자.'

이에 두 아들은 허공에서 내려와 어머니 계신 곳으로 가서 합장하고 말했느니라.

'이제 부왕께서 부처님을 믿게 되었고, 아뇩다라삼먁삼보리심을 일으킬 만하게 되셨습니다. 저희가 아버지를 교화하였으니, 저 부처님 밑으로 출가하여 수행할 수 있게 허락하여 주옵소서.'

두 아들은 게송으로 뜻을 거듭 밝혔느니라.

원하건대　어머니는　저희들이　출가하여
부처님의　제자 됨을　허락하여　주옵소서
부처님을　만나뵙기　그지없이　어려우니
부처님을　찾아가서　배우고자　하옵니다
오랜 겁에　한번 피는　우담바라　꽃보다도
부처님의　세상 출현　보기가 더　어려우며
고난들이　많고 많아　해탈하기　쉽잖으니
저희들의　출가함을　부디 허락　하옵소서

어머니는 곧 말했느니라.

'부처님을 만나기란 매우 어려운 일이다. 너희들의 출가를 허락하노라.'

이에 두 아들이 부모님께 아뢰었느니라.

'훌륭하신 부모님이시여, 이제 운뢰음수왕화지불 계신 곳으로 나아가 친견하고 공양하소서. 왜냐하면 부처님 만나 뵙기가 우담바라꽃이 피는 것과 같이 매우 어려운 일이기 때문입니다. 또 애꾸눈인 거북이가 바다에 떠다니는 나무에 뚫린 구멍 사이로 머리를 밀어 넣는 것만큼이나 매우 어려운 일이기 때문입니다.

저희는 과거세의 두터운 복으로 인해 이 세상에 태어나 부처님 법을 만났으니, 부모님께서는 저희의 출가를 허락하여 주옵소서. 왜냐하면 부처님을 만나 뵙기 어렵고 부처님을 만날 수 있는 시기에 태어나는 것 또한 어렵기 때문입니다.'

그때 묘장엄왕의 후궁 8만4천 명은 모두 이

법화경을 수지하였느니라.

또 둘째 왕자인 정안보살은 이미 오래전부터 법화삼매를 닦아 통달하였고, 첫째 왕자인 정장보살은 일체 중생을 모든 악취(惡趣)(악도)에서 벗어나게 하고자 했던 까닭에 이미 한량없는 백천만억 겁동안 이제악취삼매(離諸惡趣三昧)를 닦아 통달하였으며, 왕의 부인은 제불집삼매(諸佛集三昧)를 얻어 모든 부처님의 비밀스러운 가르침을 다 알고 있었느니라.

또 두 아들이 방편의 힘으로 잘 교화한 아버지 묘장엄왕은 불법을 믿고 이해하고 좋아하게 되었느니라.

이에 묘장엄왕은 여러 신하와 권속들을 데리고, 정덕부인은 후궁들과 궁녀들과 권속들을 데리고, 또 두 아들은 4만2천명을 데리고 운뢰음수왕화지불이 계신 곳으로 나아가, 그 발에 머리를 대어 예배하고 부처님의 주위를 세 번 돈 다음 한쪽으로 물러나 앉았느니라.

그러자 운뢰음수왕화지불께서 왕을 위해 법을 설하여 알게 하고 이익 되게 하고 기쁘게 하자, 왕은 크게 환희하고 법열을 느꼈느니라.

묘장엄왕과 정덕부인이 백천냥의 값어치를 지닌 진주 영락을 목에서 풀어 부처님 위에 뿌리자, 그 영락들은 허공에서 네 기둥을 지닌 보배누각으로 변하였고, 그 보배누각 안에 백천만 가지 하늘 옷이 깔린 큰 보배 평상이 생겨나자, 부처님께서는 그 위에 결가부좌를 하고 앉아 큰 광명을 발하셨느니라.

이를 보고 묘장엄왕은 생각하였노라.

'부처님은 가장 단정하고 엄숙하고 미묘한 몸을 성취하셨구나.'

그때 운뢰음수왕화지불이 사부대중에게 이르셨느니라.

'너희는 묘장엄왕이 내 앞에서 합장하고 서 있는 모습을 보고 있느냐? 이 왕은 나의 법 속에서 비구가 되어, 부처되는 수행법을 부지런히 닦아 익힌 뒤에 성불하리니, 그 부처님의 이름은 사라수왕(娑羅樹王)이요, 나라 이름은 대광(大光)이며, 겁의 이름은 대고왕(大高王)이니라. 사라수왕불 밑에는 한량없는 보살들과 성문들이 있으며, 국토는 평평하고 반듯하리니, 그 부처님의 공덕은 이와 같노라.'

부처님의 말씀을 들은 왕은 곧 나라를 아우에게 넘겨주고, 부인과 두 아들과 모든 권속들과 함께 출가하여 수행하였느니라.

왕은 출가한 이래 8만4천 년 동안 늘 부지런히 정진하고 묘법연화경을 닦고 익혀 일체정공덕장엄삼매(一切淨功德莊嚴三昧)를 얻은 다음, 7다라수 높이의 허공에 올라 부처님께 아뢰었느니라.

'세존이시여, 저의 두 아들이 신통 변화로써 저를 교화하여, 저로 하여금 삿된 마음을 돌이켜 불법에 머물게 하였고 부처님을 만나 뵐 수 있게 하였으니, 이 두 아들이야말로 저의 선지식(善知識)이옵니다. 저에게 지난 과거세의 선근을

제27 묘장엄왕본사품 · 159

다시 생각나게 하고 이롭게 하고자 저희 가문에 태어난 것이옵니다.'

이에 운뢰음수왕화지불이 묘장엄왕에게 이르셨느니라.

'그러하다. 네가 말한대로이니라. 선근을 심은 선남자 선여인은 세세생생 선지식을 만나게 되며, 그 선지식은 그들에게 능히 법을 보여주고 가르치고 이익되게 하고 함께 기뻐하면서, 그들로 하여금 아뇩다라삼먁삼보리에 들게 하느니라.

대왕아, 마땅히 알아라. 선지식은 대인연(大因緣)이니, 중생을 교화하고 인도하여 부처님을 뵙게 하며, 아뇩다라삼먁삼보리를 얻고자 하는 마음을 일으키게 하느니라.

대왕아, 너는 이 두 아들이 보이느냐? 이 두 아들은 일찍이 65백천만억 나유타 항하사만큼 많은 부처님을 친견하고 공경하고 공양하였느니라. 또 그 부처님들 밑에서 법화경을 수지하

고, 삿된 견해에 빠진 중생들을 불쌍히 여겨 정견(正見)에 머물도록 교화하였느니라.'

그러자 묘장엄왕이 허공에서 내려와 찬탄을 했느니라.

'세존이시여, 여래는 참으로 드문 분이옵니다. 공덕과 지혜를 지니신 까닭에 정수리의 육계에서 광명을 발하여 일체를 환히 비추십니다. 눈은 길고 넓은데다 감청색으로 빛나며, 미간의 백호상은 마치 달처럼 희며, 치아는 희고 고르고 항상 맑은 빛이 나며, 입술의 빛깔은 붉고 아름답기가 마치 빈바(頻婆)의 열매와 같나이다.'

묘장엄왕은 운뢰음수왕화지불이 갖추고 계신 한량없는 백천만억가지 공덕을 찬탄한 다음, 그 부처님 앞에서 일심으로 합장하고 다시 아뢰었느니라.

'세존이시여, 여래의 법은 불가사의하고 미묘한 공덕을 다 갖추었기에, 그 가르침대로 행하면 편안하고 상쾌하고 즐겁나니, 이는 일찍이 없었던 일이옵니다. 저는 오늘부터 다시는 멋대로 행동하지 않고, 삿된 견해와 교만과 화를 내는 등의 나쁜 마음을 품지 않겠나이다.'

이렇게 말을 마친 왕은 부처님께 예배를 드리고 물러갔느니라."

부처님께서 대중들에게 이르셨다.

"너희의 생각에는 묘장엄왕이 지금의 누구일 것 같으냐? 화덕(華德)보살이 바로 그이니라. 또 정덕부인은 지금 내 앞에 있는 광조장엄상(光照莊嚴相)보살이니, 그는 묘장엄왕과 그 모든 권속들을 불쌍히 여긴 까닭에 그들과 함께 하였으며, 그의 두 아들은 지금의 약왕보살과 약상보살이니라.

이 약왕보살과 약상보살은 한량없는 큰 공덕을 성취하였나니, 일찍이 백천만억 부처님 밑에서 갖가지 선근을 심어 불가사의하고도 훌륭한 공덕들을 갖추게 되었느니라. 그러므로 어떤 이가 이 두 보살의 이름을 알고 있으면, 일체 세간의 천인과 인간들은 마땅히 그에게 예배를 해야 하느니라."

부처님께서 이 묘장엄왕본사품(妙莊嚴王本事品)을 설하여 마치자, 8만4천이나 되는 이들이 번뇌와 더러움에서 벗어나 깨끗한 법안(法眼)을 얻게 되었다.

〈제27 묘장엄왕본사품 끝〉

제28 보현보살권발품
第二十八普賢菩薩勸發品

그때 자재한 신통력과 위엄과 덕망으로 널리 알려진 보현보살(普賢菩薩)이 한량없고 가이없고 헤아릴 수 없이 많은 대보살들과 함께 동쪽으로부터 왔으니, 그들이 지나는 국토들은 모두 크게 진동하였고 보배연꽃이 비 오듯이 내렸으며 한량없는 백천만억 가지 음악이 울려 퍼졌다.

또한 보현보살과 수많은 보살들은 무수한 천·용·야차·건달바·아수라·가루라·긴나라·마후라가·인비인들에게 둘러싸인 채, 각기 그 위엄과 덕망과 신통력을 나타내며 사바세계의 기사굴산에 이르러, 머리를 석가모니불의 발에 대어 예배하고 오른쪽으로 일곱 번을 돈 다음 부처님께 아뢰었다.

"세존이시여, 저는 보위덕상왕불(寶威德上王佛)의 국토에 있다가, 이 사바세계에서 법화경을 설하신다는 소식을 듣고 무량무변 백천만억 보살들과 함께 그 설법을 듣고자 왔나이다. 원하옵나니 세존이시여, 법화경을 설하여 주옵소서. 또한 여래께서 멸도하신 뒤에는 어떻게 하여야 선남자 선여인이 이 법화경을 만날 수 있나이까?"

부처님께서 보현보살에게 이르셨다.

"선남자 선여인이 네 가지 법을 성취하면, 여래가 멸도한 뒤에도 이 법화경을 만날 수 있느니라.

첫째 부처님이 보호하여 살펴주시고,

둘째 갖가지 선근을 심고,

셋째 성불이 보장되는 정정취(正定聚)에 들고,

넷째 일체 중생을 구하겠다는 마음을 일으키는 것이다.

선남자 선여인이 이 네 가지 법을 성취하면 여래가 멸도한 뒤에라도 반드시 법화경을 만날 수 있게 되느니라."

그때 보현보살이 부처님께 아뢰었다.

"세존이시여, 후오백세(後五百歲)의 탁하고 악한 세상에서 이 법화경을 받아 지니는 이가 있으면, 제가 마땅히 수호하여 재앙을 없애주고 안온함을 얻게 하겠나이다. 또 그 누구든 그의 단점을 엿보지 못하게 하고, 마왕(魔王)과 마왕의 아들딸과 마왕의 권속과 마가 붙은 자, 그리고 야차·나찰·구반다·비사사·길자·부단나·위타자 등의 무리가 괴롭히려 할 때 조그마한 틈조차 얻지 못하게 하겠나이다.

또한 이 사람이 거닐거나 서서 이 경을 독송하면, 저는 여섯 개의 상아를 지닌 백상왕(白象王)을 타고 대보살의 무리와 함께 그곳으로 가서, 저의 몸을 나타내어 공양하고 수호하고 그의 마음을 위로하리니, 이 또한 법화경을 공양하기 위함입니다.

 만일 이 사람이 앉아서 법화경을 사유하면, 그때도 저는 백상왕을 타고 그 사람 앞에 제 모습을 나타내되, 그가 경의 한 구절 한 게송이라도 잊어버리면 제가 가르쳐주고 함께 독송하여 환하게 알도록 하겠나이다.

 이때 법화경을 수지독송하는 그 사람은 저의 몸을 보고 크게 기뻐하면서 더욱 열심히 정진할 것입니다. 또 저를 본 인연으로 삼매와 다라니들을 얻게 되오니, 곧 선다라니(旋陀羅尼)와 백천만억선다라니(百千萬億旋陀羅尼)와 법음방편다라니(法音方便陀羅尼) 등을 얻게 되나이다.

 세존이시여, 만일 다가오는 후오백세의 탁하고 악한 세상에서 비구·비구니·우바새·우바이 중에 이 법화경을 구하거나 수지독송하거나 사경을 하면서 법화경 수행을 하고자 하면, 21일 동안을 일심으로 정진해야 하나이다.

 만약 그가 21일을 다 채우면 제가 한량없는

보살들에게 둘러싸인 채 여섯 개의 상아를 지닌 백상왕을 타고 그에게로 가서, 일체 중생이 보기 좋아하는 몸을 그 사람 앞에 나타내어 법을 설해주고 이익과 기쁨을 주고 다라니주(陀羅尼呪)도 주겠나이다.

그가 다라니를 얻으면 그 어떠한 것도 그를 해치지 못하고, 여인의 유혹에도 혼란스러워하지 않게 되며, 저 또한 항상 보호할 것이옵니다. 세존이시여, 바라옵건대 다라니주를 설할 수 있도록 허락하여 주옵소서."

그리고는 곧 부처님 앞에서 다라니주를 설하였다.

아단지 단다바지 단다바제 단다구사례 단다수다례 수다례 수다라바지 붓다파선녜 살바다라니아바다니 살바바사아바다니 수아바다니 싱가바리사니 싱가니르가다니 아승기 싱가바가지 제례아타

싱가도랴아라제바라제 살바싱가지삼마
지가란지 살바달마수파리찰제 살바살타
루다교사랴아로가지 신아비기리지제

"세존이시여, 만일 보살이 이 다라니주를 듣게 되면, 그것은 보현의 신통력 때문인줄을 알아야 하옵니다. 또 이 염부제(閻浮提)에 법화경이 유포될 때 이 경을 수지하는 이가 있다면, 이 또한 모두 보현의 불가사의한 위신력 탓인 줄 알아야 하옵니다.

만일 어떤 이가 법화경을 수지독송하고 바르게 기억하고 깊은 뜻을 깨닫고 설한 그대로 수행을 하면, 그는 곧 보현행(普賢行)을 실천하여 한량없고 가이없는 부처님 밑에서 선근을 깊이 심는 이요, 부처님들께서 손으로 머리를 어루만져 주는 이라는 것을 마땅히 알아야 하옵니다.

만일 법화경을 사경만 하여도 그 사람은 목

숨을 마친 다음 도리천에 태어나게 되고, 이때 8만4천의 천녀들이 갖가지 음악을 연주하며 다가와서 맞이해주며, 그 사람은 곧 칠보로 된 관을 쓰고 천녀들 가운데서 즐겁게 놀고 기쁘게 지내게 되나이다. 하물며 이 경을 수지독송하고 바르게 기억하고 깊은 뜻을 깨닫고 설한 그대로 수행하는 사람이야 말할 것이 있겠나이까?

만일 어떤 사람이 법화경을 수지독송하고 그 뜻을 잘 이해하면, 그가 목숨을 마칠 때 1천 부처님들이 그 손을 내밀어 두렵지 않게 해주시고, 나쁜 세상에 떨어지지 않게 해주심은 물론이요, 곧바로 미륵보살이 계시는 도솔천에 왕생하게 해주십니다. 미륵보살의 주위에는 삼십이상을 갖춘 대보살들이 둘러싸고 있으며, 백천만억의 천녀와 권속들이 가득하옵니다.

이와 같은 많은 공덕과 이익이 있으니, 지혜

로운 이라면 마땅히 일심으로 이 법화경을 사경하고 남에게 사경토록 할 것이며, 수지독송하고 바르게 기억하고 설한 그대로 수행해야 하오리다.

세존이시여, 제가 이제 신통력으로 법화경을 수호하여, 여래께서 멸도하신 뒤에도 이 염부제에 널리 유포하여 단절됨이 없도록 하겠나이다."

이에 석가모니불께서 찬탄하셨다.

"착하고 훌륭하구나, 보현아. 네가 법화경을 지키고 보호하여 많은 중생들에게 안락과 이익을 주려고 하는구나. 너는 이미 불가사의한 공덕과 깊고 큰 자비를 성취하였고, 먼 옛날부터 아뇩다라삼먁삼보리를 얻고자 하는 마음을 내었으며, 위대한 서원을 세워 법화경을 수호해 왔나니, 나 또한 신통력으로 보현보살의 이름을 수지하는 이가 있으면 반드시 수호할 것이니라.

보현아, 만일 어떤 이가 법화경을 수지독송하고 바르게 기억하고 닦아 익히고 사경을 하면, 마땅히 알아라. 이 사람은 곧 석가모니불을 만나 부처님의 입으로 설한 법화경을 직접 들은 이와 같으니라.

마땅히 알아라. 이 사람은 석가모니불을 공양하는 이요, 부처님들이 훌륭하다고 칭찬하는 이이니라. 또 마땅히 알아라. 이 사람은 석가모니불이 머리를 쓰다듬어 주는 이요, 석가모니불이 옷으로 몸을 덮어 주는 이이니라.

이러한 사람은 다시는 세상의 쾌락을 탐하거나 집착하지 않으며, 외도의 경(經)이나 글을 좋아하지 아니하고, 외도의 사람을 가까이 하지 않으며, 백정이나 돼지·양·닭·개 등을 기르는 이나 사냥꾼, 여색을 파는 자 등 모든 나쁜 사람들과 가까이하기를 좋아하지 않느니라.

또 이러한 사람은 마음과 뜻이 곧고 성실하며, 바르게 기억하고 사유하는 힘과 복덕이 있어, 탐욕과 성냄과 어리석음으로 인한 괴로움을 받지 않으며, 질투와 아만과 사만(邪慢)과 증상만으로 인한 괴로움을 받지 않으며, 욕심이 적고 만족할 줄 알기 때문에 능히 보현보살의 행(行)을 닦느니라.

보현아, 여래가 멸도한 뒤의 후오백세에 법화경을 받아 지니고 읽고 외우는 이를 보거든 이렇게 생각하여라.

'이 사람은 오래지 않아 깨달음의 도량으로 나아가 모든 마의 무리를 쳐부수고 아뇩다라삼먁삼보리를 얻을 것이다. 그리하여 법륜을 굴리고 법고를 치고 법나팔을 불고 법비를 내릴 것이요, 인천(人天) 대중들 가운데의 사자좌 위에 앉게 될 것이다.'

보현아, 만일 후세에 법화경을 받아 지니고 읽고 외우는 이가 있으면, 그는 의복이나 침구·음식·생활용품 등을 탐내거나 집착하지 않아도 바라는 바가 그대로 다 이루어지며,

또한 현세에서 좋은 과보를 받게 되느니라.

만일 어떤 사람이 법화행자를 업신여기면서, '너는 미친 사람이다. 부질없는 공부를 한다. 결코 아무런 소득도 없을 것이다'라는 등의 비방을 하면, 그는 이런 말을 한 죄의 과보로 세세생생 장님이 되느니라. 그러나 법화경을 지니고 행하는 이를 공양하고 찬탄하면 금생에 좋은 과보를 얻게 되느니라.

또 법화경을 받아 지니는 이를 보고 그 허물을 들추어내면 그것이 사실이든 사실이 아니든 그 사람은 현세에 문둥병을 얻게 될 것이요, 법화경을 받아 지니는 이를 비웃으면 그는 세세생생 성글고 이지러진 이빨과 추한 입술과 납작한 코, 뒤틀린 손발, 사팔뜨기에 냄새나는 몸을 받게 되며, 피와 고름이 흐르는 악성 종기와 복수 차는 병, 숨 가쁜 병 등 온갖 중병을 앓게 되느니라.

그러므로 보현아, 만일 법화경을 받아 지니

는 이를 보거든, 일어나서 멀리까지 나가 영접하되 마치 부처님을 공경하듯 해야 하느니라."

　세존께서 이렇게 보현보살권발품(普賢菩薩勸發品)을 설하시자, 항하사만큼 많은 보살들이 백천만억선다라니(百千萬億旋陀羅尼)를 얻었으며, 삼천대천세계의 티끌 수만큼 많은 보살들이 보현의 도(道)를 갖추게 되었다.

　부처님께서 이렇게 법화경을 설하여 마치자 보현 등의 보살들과 사리불 등의 성문들과 천·용 및 인비인 등의 일체 대중이 모두 크게 기뻐하면서 부처님의 말씀을 수지한 다음 예배를 하고 물러갔다.

〈제28 보현보살권발품 끝〉

이상으로 가장 높고 지극히 성스러운 법화경의 독송을 마치옵니다.
나무 일불승최상법문 묘법연화경

용어풀이 (가나다 순)

가루라(迦樓羅) 팔부신의 하나. 금시조金翅鳥라고도 하며, 뱀 또는 용을 잡아먹는 큰 새.
가릉빈가(迦陵頻伽) 불경에 나오는 상상의 새로 극락에 있다하여 극락조라 함. 머리와 팔은 사람의 형상이고 몸에는 비늘이 있으며, 머리에는 새의 깃털이 달린 화관을 쓰고 악기를 연주하는 모습을 하고 있는데, 자태가 매우 아름답고 소리가 묘하다하여 묘음조妙音鳥·미음조美音鳥라고도 함.
가섭(迦葉) 석가모니 십대제자 중 한 사람. 소욕지족小欲知足의 청빈한 생활로 일관하였으므로, 두타제일頭陀第一이라 함. 석가모니께서 열반에 드신 뒤, 교단을 통솔하여 경전이나 율전의 편집을 주재함.
가전연(迦旃延) 석가모니 제자 중 토론을 가장 잘 하여 논의제일論議第一이라 함.
감로문(甘露門) 열반에 이르게 하는 감로와 같은 법문. 곧 부처의 교법을 가리킴.
건달바(乾達婆) 팔부신의 하나. 긴나라와 함께 제석천을 섬기는 음악의 신. 술과 고기를 먹지 않고 단지 향만 좋아한다고 함.
겁(劫) 아주 긴 무한한 시간. 1겁은 56억 7천만년이라 함.
겁화(劫火) 우주가 멸할 때 일어나는 큰 화재.
경행(經行) 수행의 피로나 졸음을 쫓기 위해 걸어다님.
공명조(共命鳥) 한 몸에 머리가 둘 달린 새. 새의 몸에 사람의 얼굴을 하고 있음. 하나가 죽으면 다른 하나도 죽는 공동체의 생명이므로 공명이라 함.
공법(空法) 공의 이법理法. 공의 가르침.
광음천(光音天) 색계色界 제이선천第二禪天의 제3위位에 있는 하늘. 그곳 신들은 입에서 광명이 나오는데, 그 광명이 말이 된다고 함. 무량광천無量光天이라고도 함.
교담미(喬答彌) 석가모니의 이모이자 양모養母인 마하파사파제.
교진여(憍陳如) 석가모니 최초의 제자. 석가모니가 출가했을 때 함께 고행을 했고, 녹야원에서 석가모니로부터 최초의 설법을 들은 다섯 비구 중의 한 사람.
구경(究竟) 궁극에 도달함. 최고의 경지.
구경법(究竟法) 궁극적인 최고의 가르침.
구부경(九部經) 경전을 내용과 형식에 따라 9종류로 나눈 것.
근기(根機) 중생衆生이 교법敎法을 듣고 이를 얻는 능력能力.
기사굴산(耆闍崛山) 법화경을 설한 장소. 인도 마가다국의 왕사성 근처에 있는 산으로, 영취산靈鷲山이라 번역함.
긴나라(緊那羅) 팔부신의 하나. 아름다운 음성을 가진 춤과 음악의 신.
나유타(那由他) 대단히 큰 수의 단위. 1나유타는 1백만에 해당함.
다라니(陀羅尼) '총지總持·능지能持' 등으로 번역됨. 원래는 법을 이해하고 기억하는 능력으로 사용된 단어이나, 나중에는 법의 정수를 담고 있는 요문要門이나 신비스런 능력을 가지고 있는 주문을 가리키는 단어로 사용됨.

다라니주(陀羅尼呪) 다라니로 된 주문呪文.

다라수(多羅樹) 높이 25m까지 자라는 나무. 이 나무를 높이의 단위로 쓴 것임.

당(幢) 간주竿柱(장대) 끝에 용머리 모양을 만들고 깃발을 달아 불보살의 위신력과 공덕을 표시한 장엄구莊嚴具. 중생을 지휘하고 마군들을 굴복시키는 표시로 사리탑이나 불전 앞에 세움.

대성주(大聖主) 부처님에 대한 존칭. 모든 성인들 가운데 가장 큰 어른이라는 뜻.

대신력(大信力) 큰 믿음으로 얻게 되는 힘.

대인상(大人相) 삼십이상을 가리킴. 부처님과 전륜성왕만이 지닌 뛰어난 신체적 특징인 삼십이상三十二相.

도과(道果) 불도 수행의 결과. 곧 깨달음과 열반.

도리천(忉利天) 욕계의 여섯 하늘 중 밑에서 두 번째 하늘. 수미산 꼭대기에 있으며, 삼십삼천三十三天이라고도 함. 사방에 각각 8대 천왕이 다스리는 32천궁과 우두머리인 제석천왕이 살고 있는 중심부의 천궁을 더하여 삼십삼천이 됨.

도반(道伴) 함께 도를 구하는 벗.

독각(獨覺) '스스로 깨달은 이'라는 의미로, 스승으로부터 가르침을 받지 않고 혼자서 깨달은 사람을 가리킴. 인연법을 관찰하여 깨달음을 얻으므로 '연각緣覺'이라고도 불리며, '벽지불辟支佛'이라고도 함.

두타행(頭陀行) 고행을 하면서 의식주에 대한 욕망을 끊고 청정함을 유지하여 번뇌의 때를 벗는 수행법.

라후라(羅睺羅) 석가모니의 친아들로 십대제자 중 한 사람. 엄밀하게 자비행을 실천한다고 하여 밀행제일密行第一이라 불렸음. 불교 교단 최초의 사미.

마후라가(摩睺羅伽) 팔부신의 하나. 대복행大腹行이라 번역하며, 이무기·큰 뱀·사신蛇神이라고도 함.

만다라화(曼茶羅華) 천계의 꽃으로 매우 향기롭고 아름다운 꽃.

만주사화(曼珠沙華) 천계의 꽃. 여의화如意花라 하며, 이 꽃을 보면 악업을 여읨.

멸도(滅度) 열반의 다른 표현. 모든 괴로움과 번뇌를 넘어서서 나고 죽음을 완전히 멸한 경지에 이르렀음을 뜻함.

목건련(目犍連) 목련目連이라고도 함. 석가모니 십대제자 중 한 사람. 신통력이 매우 뛰어났으므로 신통제일神通第一이라 함.

묘음(妙音) 아주 묘한 진리의 음성.

무견(無見) 곧 단견斷見. 죽으면 몸과 마음이 없어져서 무無로 돌아간다는 견해.

무구세계(無垢世界) 무구는 더러움을 떠난 청정함. 사갈라 용왕의 여덟 살 난 딸인 용녀가 남자로 변한 다음 성불하였다고 하는 청정세계.

무량의경(無量義經) 법화삼부경의 하나. 부처님께서 묘법연화경을 설하기 앞서 설하는 경전. 덕행품德行品·설법품說法品·십공덕품十功德品의 삼품으로 구성되어 있음. 덕행품은 부처님의 공덕을 찬탄하고, 설법품은 무상無相이요 실상實相인 한 법으로부터 무량한 의취意趣가 생겨난 까닭을 설했으며, 십공덕품은 이 경전의 열 가지 공덕에 대해 설하고 있음.

무량의처삼매(無量義處三昧) 무량한 법문의 실상을 체험하는 삼매.
무루(無漏) 번뇌가 없는 청정한 상태.
무루법(無漏法) 새어나가는 것이 없는 법. 곧 번뇌煩惱를 벗어난 깨끗한 법.
무사지(無師智) 스승 없이 혼자서 깨달은 지혜. 곧 부처님의 지혜.
무상대과(無上大果) 청정하고 위없는 큰 과보.
무상법륜(無上法輪) 위없는 가르침의 수레바퀴. 곧 부처님의 일승법문.
무상중생(無想衆生) 의식이 없는 중생으로, 멸진정滅盡定에 든 이나 무상천無想天의 중생을 말함.
무생법인(無生法忍) 남이 없는 법의 이치를 증득하는 것. 곧 공이요 불생불멸임을 철저히 깨달아 마음의 평화로움을 얻는 경지.
무여열반(無餘涅槃) 살아서 이룬 열반은 아직 몸이 남아있으므로 유여열반有餘涅槃이라 하고, 죽음으로 몸마저 사라졌을 때를 남음이 없는 무여열반이라고 함.
무위(無爲) 인연 또는 인과관계를 떠난 함이 없는 경지. 곧 열반을 말함.
무학(無學) 번뇌를 다 끊어 더 이상 배워야 할 것이 없는 이. 아라한의 경지에 도달한 이를 가리킴.
무형중생(無形衆生) 육체가 없는 존재. 무색계無色界의 중생.
문지다라니문(聞持陀羅尼門) 가르침을 듣고 명심하여 잊지 않는 지혜. 법다라니法陀羅尼라고도 함.
미루산(彌樓山) 수미산 주위에 있는 칠금산七金山이라고도 하고, 칠금산 중에 있는 니민달라산尼民達羅山이라고도 함.
밀행(密行) 아무런 애를 쓰지 않더라도 그대로 진리에 계합하는 일상의 행위.
바라나(波羅捺) 석가모니 최초 설법지인 녹야원이 있는 곳. 지금의 바라나시.
바라밀행(波羅蜜行) 부처가 되기 위해 보살이 닦는 수행의 총칭. 육바라밀·십바라밀이 등이 있음.
반열반(般涅槃) 일체의 번뇌를 끊고, 다시 태어나는 일이 없는 완전 원만한 멸멸에 드는 것. 곧 무여열반無餘涅槃.
방일(放逸) 함부로 생각하고 말하고 행동하는 것.
방편바라밀(方便波羅蜜) 보시·지계·인욕·정진·선정·지혜·방편·원원·역력·지지의 십바라밀 중 제7번째 바라밀. 방편으로 보시·지계·인욕의 완성을 도움.
백복장엄(百福莊嚴) 백 가지 복에 의해 장식되었다는 뜻으로, 부처님의 삼십이상 하나하나에는 백가지 복덕이 갖추어져 있음을 나타낸 말.
백상왕(白象王) 보현보살이 법화경을 받아 지니는 이를 수호할 때 타고 다니는 흰 코끼리 왕.
번뇌마(煩惱魔) 몸과 마음을 어지럽게 하여 깨달음을 얻지 못하도록 하는 번뇌를 마로 본 것.
범음(梵音) '천상의 소리'라는 뜻이나, 여기에서는 불보살의 음성을 나타냄.
법기(法器) 부처님의 가르침을 믿고 이해하고 실천할 수 있는 능력을 지닌 사람.
법라(法螺) 법회法會나 수행의식 때 쓰는 악기樂器. 부처님 설법의 당당하고 번성한 모습을 소라[螺]를 부는 것에 비유하여 '법라'라 하였음.

법보장(法寶藏) 불법佛法의 보배 창고.
법성신(法性身) 보살의 최고 단계에 이른 사람이 얻는 몸. 곧 법신法身.
법시(法施) 법(가르침)을 베푸는 것. 법을 위해 베푸는 물질은 법시와 통함.
법음방편다라니(法音方便陀羅尼) 마음에 법을 새겨서 결코 잊지 않는 능력. 중도中道에 들어 자재롭게 설법하는 방편을 얻는 지혜라고도 함.
법화삼매(法華三昧) 법화경을 꾸준히 읽어서 그 묘한 이치를 깨닫고 진리를 깨달아 들어가는 수행법.
법희식(法喜食) 법을 듣고 생기는 기쁨을 맛있는 음식을 먹는 것에 비유한 것.
벽지불(辟支佛) →독각
변정천(遍淨天) 색계의 제삼선천第三禪天. 한없이 깨끗하고 즐거움이 가득한 하늘.
보살(菩薩) 보디삿트바(bodhisattva)의 음사인 '보리살타菩提薩唾'의 약칭. 위로는 위없는 깨달음을 얻고 아래로는 중생을 교화하는 구도자. 대승불교를 닦는 인물로, 소승불교 수행자인 성문이나 독각과 대립되는 개념으로 쓰임.
보현행(普賢行) 보현보살의 실천. 보현행은 헤아릴 수 없이 많지만, 다음의 십대원十大願으로 모아짐. ①부처님들께 예경하고 ②부처님들을 찬탄하고 ③널리 부처님들을 공양하고 ④업장을 참회하고 ⑤공덕을 기뻐하고 ⑥부처님들께 법륜을 굴려주실 것을 간청하고 ⑦부처님들께서 열반하시지 않고 이 세상에 계실 것을 간청하고 ⑧언제나 부처님을 따라 배우고 ⑨언제나 대비의 마음으로 중생을 만나고 ⑩얻은 모든 복덕을 중생을 위해 회향함.
부루나(富樓那) 석가모니 십대제자 중 한 사람. 설법과 교화를 잘하였으므로 설법제일說法第一이라 함.
부사의(不思議) 불가사의不可思議와 같음. 불보살의 해탈·지혜·신통력이 중생의 생각으로 헤아릴 수 없다는 것.
부촉(付囑) 불법을 전하는 일을 부탁함.
불도성(佛道聲) 불도의 소리.
불선근(不善根) 악한 과보를 받을 악행 또는 나쁜 과보를 받을 원인. 탐욕·성냄·어리석음을 삼불선근三不善根이라 함.
불승(佛乘) 부처님이 되는 것을 목표로 하는 길. 모든 중생을 깨닫게 하는 가르침을 말함.
불안(佛眼) 모든 법의 참모습을 꿰뚫어 아는 부처님의 눈.
불퇴전(不退轉) 퇴보함 없이 위없는 법. 또는 물러남이 없는 경지.
불퇴지혜(不退智慧) 물러남이 없는 지혜. 다시는 미혹함이 없는 지혜.
비유상비무상중생(非有想非無想衆生) 생각이 있는 것도 없는 것도 아닌 삼매 속의 중생.
사갈라용궁(娑竭羅龍宮) 사갈라는 큰 바다라 하는 뜻. 8대 용왕 중 한 분인 사갈라용왕娑竭羅龍王이 사는 궁전.
사다함도(斯陀舍道) 성문사과聲聞四果의 두 번째 단계. 인간 세상과 천상을 한번 왕래한 뒤 열반을 얻을 수 있는 경지. 그래서 일래과一來果라고도 함.
사리불(舍利弗) 석가모니 십대제자 중 한 사람. 가장 뛰어난 제자로, 특히 지혜가

밝았으므로 지혜제일智慧第一이라 함.

사마(死魔) 목숨을 빼앗기게 되면 아무런 일도 할 수 없게 되므로 죽음을 마로 본 것.

사만(邪慢) 삿된 교만. 덕도 없으면서 스스로 덕이 있다고 생각하여 잘난 체 우쭐대는 것.

사무량심(四無量心) 중생을 교화하는 4가지 무량한 마음. ①한량없이 자애로운 자무량심慈無量心 ②중생의 괴로움을 없애주려는 비무량심悲無量心 ③불도를 닦는 중생을 보면서 칭찬하고 기뻐하는 희무량심喜無量心 ④분별심을 버리고 평등하게 대하는 사무량심捨無量心.

사무소외(四無所畏) 부처님만이 가질 수 있는 네 가지의 흔들림 없는 자신감. ①바른 깨달음을 얻었음 ②모든 번뇌를 남김없이 다 끊었음 ③누구보다도 바르게 제자들에게 도도를 설하고 있음 ④괴로움의 세계로부터 벗어나는 길을 있는 그대로 설하고 있음.

사무애변(四無礙辯) 4가지 막힘없는 이해와 표현 능력. ①모든 법을 남김없이 환하게 아는 법무애변法無礙辯 ②모든 법의 뜻을 막힘없이 환하게 아는 의무애변義無礙辯 ③여러 가지 말들을 구사하여 막힘없이 설법하는 사무애변辭無礙辯 ④상대가 잘 이해할 수 있도록 즐겁고 걸림없이 설법하는 요설무애변樂說無礙辯.

사무애지(四無礙智) →사무애변

사미(沙彌) 10가지 계[十戒]를 받아 수행하는 7세 이상 20세 미만의 출가한 남자.

사바세계(娑婆世界) 정토의 반대인 인간이 사는 세계. 참지 않고서는 살 수 없다고 하여 감인세계堪忍世界라고 번역함.

사부대중(四部大衆) 불교교단을 구성하는 출가승려인 비구·비구니와 재가불자인 우바새優婆塞(남자신도)·우바이優婆夷(여자신도)의 넷을 합한 것.

사생(四生) 태생胎生·난생卵生·습생濕生·화생化生. 모든 생명체를 태어나는 방식에 따라 분류한 것. ①태생胎生은 포유류처럼 태胎에서 태어나는 중생 ②난생卵生은 새나 물고기처럼 알에서 태어나는 중생 ③습생濕生은 벌레처럼 습기 있는 곳에서 태어나는 중생 ④화생化生은 천天이나 지옥중생처럼 과거에 지은 업에 의해 태胎에 의탁함이 없이 홀연히 태어나는 중생.

사유(四維) 동북쪽·동남쪽·서북쪽·서남쪽.

사제(四諦) 사성제四聖諦라고도 함. 네 가지 성스러운 불교의 근본 가르침. ①인생이 고苦라는 진리를 비롯해서, ②고의 원인[集] ③고의 멸滅 ④고를 멸로 이끄는 길[道]의 네 가지 진리를 말함.

사천하(四天下) 수미산 사방에 있다는 네 대륙. 동승신주東勝身洲·서우화주西牛貨洲·남섬부주南贍部洲·북구로주北俱盧洲.

삼계(三界) 윤회의 세계인 욕계·색계·무색계의 3세계. 욕계欲界는 욕망이 강한 세계. 색계色界는 청정하지만 아직 미묘한 물질로 이루어진 세계. 무색계無色界는 순수한 정신세계.

삼계도사(三界導師) 욕계欲界·색계色界·무색계無色界 삼계의 중생을 해탈의 세계로 인도하는 위대한 스승. 곧 부처님.

삼매(三昧) 마음을 한 곳에 집중하여 정신을 통일하는 것 또는 통일된 상태.

삼명(三明) 육신통 가운데 전생을 아는 숙명통, 먼 곳의 일도 능히 아는 천안통, 번뇌를 다한 누진통의 셋을 '세 가지 밝은 지혜'라 하여 삼명이라고 함. →육신통

삼승법(三乘法) 삼승은 성문승聲聞乘·연각승緣覺乘·보살승菩薩乘으로, 중생의 능력에 따라 깨달음에 이르게 하는 3가지 수행의 길.

삼십이상(三十二相) 부처님이나 전륜성왕 등 위대한 인물에게만 갖추어져 있는 32가지의 뛰어난 신체적 특징.

삼십칠품조도법(三十七品助道法) 사념처四念處·사정근四正勤·사여의족四如意足·오근五根·오력五力·칠각지七覺支·팔정도八正道를 합친 37항목. 이는 깨달음을 얻기 위한 실천을 37가지로 정리한 것임.

삼악도(三惡道) 악행을 지은 이가 가게 되는 세 가지 악하고 고통스러운 세계. 지옥·아귀·축생의 세계.

삼천대천세계(三千大天世界) 수미산須彌山을 중심으로 한 네 대륙과 사왕천·도리천·염마천·도솔천·화자재천·타화자재천까지의 욕계 6천과 색계 초선천인 범천, 그리고 해와 달을 포함한 세계를 일세계一世界라고 함. 이 일세계를 천 개 합한 세계가 소천세계小千世界. 소천세계를 천 개 합한 세계가 중천세계中千世界. 중천세계를 천 개 합한 세계가 대천세계大千世界. 삼천은 1천이 세번 중첩되었다는 뜻임. 삼천대천세계는 태양계 10억개를 합한 넓이라고 함.

상법(像法) 상법시像法時라고 함. 정법正法 다음의 시기로, 불자들이 부처님의 가르침을 실천하지만 깨달음을 얻는 이는 적은 때를 말함.

석제환인(釋提桓因) 수미산 정상에 있는 도리천忉利天의 우두머리. 제석천帝釋天이라고도 하며, 불법과 불법에 귀의한 이들을 보호함.

선근력(善根力) 선한 행위를 하는 데서 오는 힘.

선다라니(旋陀羅尼) 온갖 모습에 대한 집착에서 벗어나 공空의 도리를 아는 지혜.

선서(善逝) 여래 10호號의 하나. '잘 가신 분'이라는 뜻으로 부처님에 대한 존칭.

선열식(禪悅食) 선정에 들었을 때의 쾌적함과 즐거움을 맛있는 음식을 먹는 것에 비유한 것.

선정락(禪定樂) 정신을 집중하여 깊은 선정에 잠길 때 생겨나는 즐거움.

선지식(善知識) 부처님이 설한 법을 올바로 알고 수행할 뿐 아니라, 다른 이를 바르게 이끌어 수행에 도움을 주는 스승이나 벗.

성문(聲聞) '부처님의 가르침을 듣는 이'라는 뜻으로, 출가한 승려를 가리킴. 대승불교에서는 독각(연각)과 함께 소승의 수행자로 삼음.

세간락(世間樂) 세간의 즐거움.

세간안(世間眼) 불보살에 대한 존칭. 세간의 눈. 불보살은 세상 사람의 눈이 되어 바른 길을 가르쳐 주기 때문에 붙여진 이름.

세존(世尊) '지복을 지닌 이' 또는 '세간에서 가장 존귀한 이'라는 뜻. 석가모니를 비롯한 모든 부처님에 대한 존칭.

소천세계(小千世界) →삼천대천세계

수기(授記) 부처님이 제자들에게 장차 성불하게 됨을 예언하는 것.

수다라(修多羅) 가르침을 설한 법문. 곧 불교경전.

수다원도(須陀洹道) 성문사과聲聞四果의 첫 단계. 삼악도는 영원히 떠났으나 인간 세상과 천상을 7번 왕래한 뒤에 열반을 얻을 수 있는 경지.

수미산(須彌山) 산스크리트로는 수메루(Sumeru). 신화와 상상의 산으로 세계의 중앙에 우뚝 솟아 있고, 높이가 8만 유순으로 해와 달과 모든 별들이 이 산 주위를 돌고 있으며, 그 정상에 제석천왕의 궁전인 도리천이 있다고 함.

수보리(須菩提) 석가모니 십대제자 중 한 사람. 공空을 잘 통달하였으므로 해공제일解空第一이라 함.

수지(受持) 계율 또는 부처님의 가르침을 받들고 지킴.

수희(隨喜) 진심으로 따라서 기뻐함. 불보살과 다른 사람이 행하는 좋은 일이나 법을 자신의 일처럼 함께 기뻐하는 것.

숙세(宿世) 과거세. 지난 세상.

승피세간음(勝彼世間音) 세간의 어떠한 소리보다 아름다운 음성. 중생에게 큰 기쁨을 안겨주는 음성.

시주(施主) 남에게 재물이나 가르침 등을 베푸는 사람.

신발의(新發意) 처음으로 아뇩다라삼먁삼보리를 얻고자 하는 마음과 중생 교화에 뜻을 일으킨 보살.

실상법인(實相法印) 모든 법의 참모습.

심자재(心自在) 모든 선정의 장애를 벗어나 자유자재한 마음을 얻는 것.

십력(十力) 부처님만이 지니고 있는 10가지 지혜의 힘.

십보산(十寶山) ①온갖 약초가 모여 있는 설산雪山 ②온갖 향기가 가득한 향산香山 ③온갖 꽃이 피는 가리라산軻梨羅山 ④오신통五神通을 얻은 선인들이 사는 선성산仙聖山 ⑤야차가 사는 유건다라산由乾陀羅山 ⑥온갖 과일이 충성한 마이산馬耳山 ⑦용들이 사는 니진다라산尼盡陀羅山 ⑧자재자自在者가 사는 작가라산斫迦羅山 ⑨아수라가 사는 숙혜산宿慧山 ⑩온갖 천자가 모여 사는 수미산須彌山.

십여시(十如是) 모든 법의 참모습[諸法實相]을 알고자 하면 이를 상相·성性·체體·역력·작作·인因·연緣·과果·보報·본말구경등本末究竟等의 10가지 방식으로 존재하고 있다는 것을 모두 알아야 한다는 가르침.
①상相 : 일체 사물과 존재들의 겉모습
②성性 : 사물과 존재들이 가지고 있는 내적인 성질
③체體 : 겉모습과 내적인 성질을 합한 몸
④역력 : 그 몸에 갖추어져 있는 잠재적인 능력
⑤작作 : 그 몸이 나타내 보이는 작용
⑥인因 : 모든 것을 일어나게 하는 직접적인 원인
⑦연緣 : 인을 도와 결과를 만들어내는 간접적인 환경
⑧과果 : 인과 연에 의해 생겨난 결과
⑨보報 : 결과가 사실이 되어 외부로 표출된 모습
⑩본말구경등本末究竟等 : 모든 존재방식인 상相에서부터 보報까지의 하나하나에 모든 법의 참모습이 간직되어 있다는 것.

십이부경(十二部經) 부처님이 설하신 말씀을 내용과 형식에 따라 열두 가지로 나눈 것.

십이인연법(十二因緣法) 괴로움과 해탈의 연유를 밝히는 12가지 과정. ①무명無明→②행行→③식識→④명색名色→⑤육입六入→⑥촉觸→⑦수受→⑧애愛→⑨취取→⑩유有→⑪생生→⑫노사老死. ①번의 생성에서 ⑫번의 생성으로 관조해 가는 과정은 괴로움을 받게 되는 흐름을 밝힌 것이고, ①번의 소멸에서 ⑫번의 소멸로 관조해 가는 과정은 해탈의 연유를 밝히는 과정임.

십팔불공법(十八不共法) 부처님만이 지닌 18가지 능력. ①몸으로 짓는 업에 허물이 없음 ②입으로 짓는 업에 허물이 없음 ③뜻으로 짓는 업에 허물이 없음 ④모든 중생을 평등하게 대하는 마음을 지님 ⑤깊은 선정을 닦아 마음이 고요하고 편안함 ⑥일체를 포용함 ⑦일체 중생을 제도하려는 의욕이 그치지 않음 ⑧일체 중생을 제도하고자 하는 노력을 그치지 않음 ⑨일체 지혜를 구족하여 모든 중생을 제도하되 만족함이 없음 ⑩지혜가 한량없음 ⑪일체 해탈을 다 이룸 ⑫해탈지견에서 물러나지 않음 ⑬몸으로 하는 모든 행위를 지혜에 따라 함 ⑭입으로 하는 모든 말을 지혜에 따라 함 ⑮뜻으로 짓는 모든 생각을 지혜에 따라 함 ⑯과거의 모든 일을 막힘없이 앎 ⑰현재의 모든 일을 막힘없이 앎 ⑱미래의 모든 일을 막힘없이 앎.

아가니타천(阿迦膩吒天) 색구경천色究竟天으로, 색계 18천 중 가장 높은 하늘.

아견(我見) 자아에 집착하는 견해. 영원한 자아나 영혼이 있다고 생각하는 것.

아나함도(阿那含道) 성문사과聲聞四果의 세 번째 단계. 색계에 태어난 다음에 열반에 드는 경지. 인간 세상에는 다시 오지 않는다고 하여 불래과不來果라고도 함.

아난(阿難) 석가모니의 사촌이며, 출가하여 오랫동안 부처님을 시봉하면서 가장 많은 법문을 들은 다문제일多聞第一의 제자. 1차 경전 결집 때 주역이 되었음.

아뇩다라삼먁삼보리(阿耨多羅三藐三菩提) 위없는 바른 깨달음. 가장 완전한 부처님의 깨달음. 무상정등각無上正等覺·무상정변지無上正遍知라고 번역함.

아라한(阿羅漢) 공양을 받을 만한 사람이라는 뜻으로 응공應供이라고도 하며, 줄여서 '나한'이라고도 함. 소승불교 최고의 깨달음에 이른 성자를 가리킴.

아라한도(阿羅漢道) 성문사과聲聞四果의 마지막 단계. 모든 번뇌를 다 끊어 열반의 경지를 이룬 소승불교 최고의 단계.

아비발치(阿鞞跋致) 보살의 성불이 결정되어 물러남이 없는 지위. 불퇴전不退轉이라 번역함.

아비지옥(阿鼻地獄) 괴로움이 끊임없이 이어지는 가장 괴로운 지옥. 고통이 잠시도 멈추지 않는다고 하여 무간지옥無間地獄이라고 번역함.

아수라(阿修羅) 육도중생 중 하나로 싸움을 매우 좋아함. 여기서는 불교를 수호하는 팔부신의 하나로 등장함.

아승지겁(阿僧祇劫) 숫자로 헤아릴 수 없는 무한한 시간.

악세(惡世) 혼탁하고 악한 세계.

야쇼다라(耶輸陀羅) 석가모니의 태자시절 비妃. 뒤에 출가하여 비구니가 됨.

여래(如來) '한결같이 오신 분' 또는 '한결같이 가신 분[如去]'라는 뜻으로 부처님에 대한 존칭. 석가모니는 제자들에게 "앞으로 나를 여래로 부르라"고 가르쳤다.

연각(緣覺) →독각
연등불(燃燈佛) 석가모니불이 과거세에 보살로 있을 때, 다음 세상에 성불하리라는 수기를 주신 부처님.
연화화생(蓮華化生) 연꽃 속에서 태어나는 것.
열반(涅槃) 죽음·입멸 또는 깨달음을 의미함. 아직 육체가 남아있는 열반을 유여열반有餘涅槃, 육체마저 사라진 열반을 무여열반無餘涅槃이라고 함.
열반락(涅槃樂) 열반의 경지에 들어 누리는 즐거움.
염부단금(閻浮檀金) 자줏빛을 띠고 있는 가장 귀한 금.
염부제(閻浮提) 수미산 남쪽의 대륙. 원래는 인도를 가리켰으나, 이 사바세계를 뜻하는 말로 쓰이게 됨. 섬부주贍部洲라고도 함.
영축산(靈鷲山) 부처님이 『법화경』을 설법하신 곳. 기사굴산.
오근(五根) 깨달음을 얻기 위한 다섯 가지 기본적인 능력. 믿음[信]·정진[精進]·집중[念]·선정[定]·지혜[慧].
오력(五力) 오근을 통하여 생겨난 다섯가지 힘. 오근과 같이 믿음[信]·정진[精進]·집중[念]·선정[定]·지혜[慧]이며, 오근보다는 진전된 수행의 단계임.
오신통(五神通) →육신통
오욕(五欲) 인간의 다섯 가지 근본 욕심인 재물욕·색욕·식욕·명예욕·수면욕.
오음(五陰) 오온五蘊이라고도 함. ①색色은 물질 또는 육체 ②수受는 감수작용 ③상想은 표상작용 ④행行은 의지 혹은 충동적 욕구 ⑤식識은 인식작용. 이 중 색은 육체, 나머지는 정신작용. 사람을 포함한 모든 존재는 이 색·수·상·행·식의 5가지 요소로 구성되어 있다고 함.
오음마(五陰魔) '나'를 구성하고 있는 다섯 가지 요소인 색色·수受·상想·행行·식識의 오음이 주는 장애들을 마로 본 것.
오정(五情) 사람의 다섯 가지 감정. 기쁨·노여움·슬픔·욕심·증오.
오종불남(五種不男) 다섯 가지 성불구자. ①나면서부터 남근이 발육되지 못한 생불남生不男 ②칼로 남근을 잘라 버린 건불남腱不男 ③다른 이가 음행하는 것을 보아야 욕정을 일으키는 투불남妒不男 ④음행을 하다가 남근을 상실하여 불구가 된 변불남變不男 ⑤보름 동안은 남근을 사용할 수 있고 나머지 보름에는 사용하지 못하는 반불남半不男.
왕사성(王舍城) 석가모니 재세시의 마가다국의 수도. 법화경을 설한 기사굴산(영취산)이 가까이에 있음.
외도(外道) 부처님의 가르침을 제외한 다른 가르침을 총칭한 말.
우담바라(優曇婆羅) 무화과의 일종으로, 전륜왕이나 부처님께서 출현하실 때 또는 삼천 년에 한 번 꽃이 핀다고 함.
위신력(威神力) 불가사의한 위력.
유견(有見) 곧 상견常見. 세계나 모든 존재는 영원히 변하지 않는 실재이며, 사람은 죽어도 자아는 영원히 존재한다고 보는 견해.
유순(由旬) 거리의 단위. 1유순은 36km로, 소 달구지로 하루 동안 가는 거리라고 전해짐.

유정천(有頂天) 색계 18천 중 가장 위쪽에 있는 하늘. 아가니타천 또는 색구경천色究竟天이라고도 함.

유학(有學) 미혹을 완전히 끊지 못하여 아직 배울 것이 있고 학습의 필요가 있는 이. 아라한의 경지에 도달하지 못한 성문을 가리킴.

유형중생(有形衆生) 육체를 지닌 욕계欲界와 색계色界의 중생.

유화인욕(柔和忍辱) 부드럽고 온화하고 노함이 없이 참는 것.

육계(肉髻) 32상相 가운데 하나. 부처님의 정수리에 상투 모양으로 돋아나 있는 부분.

육근(六根) 6가지 감각 기관인 눈[眼]·귀[耳]·코[鼻]·혀[舌]·몸[身]·뜻[意].

육도(六道) 중생이 윤회하는 6가지 세계. 지옥·아귀·축생·아수라·인간·천상. 이 6가지 세계를 왔다갔다하며 윤회하는 것을 일러 육도윤회六道輪廻라고 함.

육신통(六神通) ①보통 사람이 보지 못하는 것을 꿰뚫어 보는 천안통天眼通 ②보통 사람이 못 듣는 것을 듣는 천이통天耳通 ③남의 마음을 꿰뚫어 아는 타심통他心通 ④전생의 일을 꿰뚫어 아는 숙명통宿命通 ⑤걸림없이 어디든지 오갈 수 있는 신족통神足通 등의 5가지 신통력에 ⑥번뇌가 완전히 사라진 누진통漏盡通을 더한 것. 다섯 가지 신통은 불교 이외의 선인이나 범부도 얻을 수 있으나, 누진통은 불교의 성자만이 얻을 수 있다고 함.

육십이견(六十二見) 부처님 생존 당시 인도에 있었던 62외도外道들의 주장.

육종진동(六種震動) 땅이 여섯 가지로 진동하는 것. 이는 대신변大神變의 일종으로 위대한 설법 등에 앞서 보이는 상서로운 조짐의 하나임.

육취(六趣) 죽은 다음에 가는 세계인 지옥·아귀·축생·아수라·인간·천상의 여섯 세계. 곧 육도六道.

응현(應現) 불보살이 중생들의 근기에 따라 교화하기에 알맞은 몸을 나타내는 것.

인비인(人非人) 천·용 등의 팔부신중이 거느리고 있는 종속자들의 총칭.

일대사인연(一大事因緣) 부처님이 이 세상에 출현한 가장 큰 인연. 목적.

일상(一相) 차별을 초월한 절대 평등한 한 가지 모습.

일생보처(一生補處) 보살의 최고의 경지로, 다음 생에는 반드시 부처님이 되는 이.

일세계(一世界) →삼천대천세계

일승법(一乘法) 일불승一佛乘과 같은 말. 부처님이 되는 최상의 가르침이자 최후의 가르침.

일체종지(一切種智) 일체 만법을 낱낱이 정밀하게 아는 부처님의 지혜.

일체지(一切智) 우주의 원리를 일체 다 아는 부처님의 지혜.

자연지(自然智) 인위적인 노력에 의한 것이 아니라 저절로 생기는 부처님의 지혜.

자재신통력(自在神通力) 자유자재롭게 발휘하는 신통력.

적멸(寂滅) 모든 번뇌가 사라진 열반을 뜻으로 번역한 말.

적멸법(寂滅法) 윤회를 벗어나 안온한 열반에 이르는 가르침.

적멸상(寂滅相) 대립과 차별을 모두 떠난 있는 그대로의 평온한 모습.

전도(顚倒) 뒤바뀐 상태. 미망에 사로잡혀 진실이나 바른 이치를 잘못 보는 것.

전법륜(轉法輪) 법을 설하는 것을 수레의 바퀴를 회전시키는 것에 비유한 말.

전전(展轉) '순차적으로, 점차로 연속하여'라는 뜻.

정견(正見) 팔정도의 첫 번째 덕목. 탐욕과 분노와 어리석음을 떠나 있는 그대로를 보는 것.

정등각(正等覺) 평등하고 바른 깨달음. 평등한 진리를 깨달았다는 뜻. 부처님의 깨달음으로, 정각正覺·등정각等正覺·정진각正盡覺이라고도 함.

정법(正法) 정법시正法時라고도 함. 부처님이 열반에 든 뒤, 불자들이 부처님의 가르침대로 실천하고 바른 깨달음을 많이 이루는 시기를 말함.

정사(精舍) 수행자를 위한 집. 움막이나 독방·암자에서부터 조직적인 승원과 사찰까지 모두 포함됨.

정정취(正定聚) 반드시 부처가 되도록 결정되어 있는 성자.

제바달다(提婆達多) 석가모니의 사촌으로 어렸을 때부터 언제나 석가모니와 라이벌 관계에 있었으며, 교단의 반역자나 악인으로 묘사되고 있음. 엄격한 금욕주의자로 불교교단을 차지하려 하였으나 뜻을 이루지 못하였음.

제법실상(諸法實相) 모든 법의 진실한 모습. 곧 있는 그대로의 모습.

제석천(帝釋天) 인도의 인드라 신. 석제환인釋提桓因이라고도 함. 수미산 꼭대기의 33천을 주재하는 신들의 왕이자 인간 세상 등을 관장하는 신. 여러 불경 속에 부처님과 불법을 호위하는 신으로 자주 등장함.

제일법(第一法) 최고의 법. 최상의 법.

제일의(第一義) 가장 뛰어나고 참된 도리.

조복(調伏) 조절하여 평안하게 함. 안으로는 자신의 몸과 마음을 다스려 악을 버리고 밖으로는 장애가 되는 것을 항복시키는 것.

중겁(中劫) 20소겁小劫을 1중겁이라 함. 소겁에 대해서는 여러 설이 있으나, 8만 세에서 백 년에 한 살씩 감해 10세에 이르고, 다시 10세에서 백 년에 한 살씩 늘여 8만 세에 이르기까지 소요되는 시간.

중천세계(中千世界) →삼천대천세계

증상만(增上慢) 깨달음을 얻지 못했으면서 얻었다고 자랑하고 잘난 체하는 오만. 여러 가지 교만 중에서 가장 큰 죄가 된다고 함.

지견(知見) 슬기와 식견. 바른 지혜로서 모든 것을 바르게 알고 보는 것.

지견 바라밀(知見波羅蜜) 보시·지계·인욕·정진·선정·지혜·방편·원願·역력·지智의 십바라밀 중 10번째의 지바라밀을 달리 지칭하여 이르는 말.

지원력(志願力) 뜻과 서원을 굳게 세워서 얻는 힘.

천안(天眼) 육신통六神通의 하나로 남들이 볼 수 없는 것들을 볼 수 있는 능력.

천이(天耳) 육신통六神通의 하나로 모든 소리를 다 들을 수 있는 신통력.

철위산(鐵圍山) 수미산을 둘러싸고 있는 아홉 개의 산 가운데 가장 바깥쪽에 있는 산. 이를 다시 소철위산과 대철위산으로 나눔.

초발의(初發意) 대승에 뜻을 두고 나와 남의 성불을 위해 정진할 것을 처음으로 맹세한 보살.

초전법륜(初轉法輪) 부처님께서 녹야원鹿野苑에서 다섯 비구에게 설한 최초의 법문. 중도·사제·팔정도 등의 법을 설한 것.

촉루(囑累) 부촉付囑이라고도 함. 부처님은 설법한 뒤에 청중 가운데서 어떤 이를 가려내어 그 법의 유통流通을 부탁하는 것.

칠각지(七覺支) 일곱 가지 깨달음을 돕는 법. ①명료하게 기억하는 염念 ②지혜로 법의 진위를 골라내는 택법擇法 ③바른 법에 따라 노력하는 정진精進 ④바른 법을 행하고 기뻐하는 희희喜 ⑤심신을 가볍고 편안하게 하는 경안輕安 ⑥마음이 흐트러지지 않는 정정 ⑦마음이 집착에서 벗어나 치우치지 않는 사捨.

칠보(七寶) 전륜성왕이 지니는 7가지 보배. 금륜金輪·코끼리·말·여의주如意珠·여인[玉女]·장군·대신.

칠보(七寶) 일곱 가지 보물. 일반적으로 금·은·유리·수정·진주·마노·호박을 지칭함.

토산(土山) 흙더미로 이루어진 산.

파순(波旬) 마왕魔王의 이름이며, 욕계 제6천인 타화자재천의 왕.

팔부신(八部神) 불법을 수호하는 여덟 종류의 신장. 천·용·야차·건달바·아수라·가루라·긴나라·마후라가.

팔세계(八世界) 일세계를 8개 합친 세계. →삼천대천세계

팔십종호(八十種好) 부처님 신체에 갖추어진 80가지 특유한 모습. 32상과 함께 깨달은 이가 갖추고 있는 좋은 모습들이라고 함.

팔해탈(八解脫) 모든 번뇌를 끊고 아라한과를 얻기까지 8단계의 해탈 과정(내용이 너무 복잡하고 큰 도움이 되지 않으므로 8단계는 생략함).

항하사(恒河沙) 갠지스 강의 모래라는 뜻. 무수히 많은 수를 나타냄.

현겁(賢劫) 현재 우리가 살고 있는 겁. 이 기간에 1천 불이 나타난다고 하는데, 이미 출세하셨던 구류손불·구나함모니불·가섭불·석가모니불 외에 996불이 더 나타난다고 함.

현성(賢聖) 성문사과聲聞四果를 얻은 이와 벽지불과 보살을 총칭한 말.

현일체색신삼매(現一切色身三昧) 모든 모습을 마음대로 나타내어 중생들을 교화하는 삼매. 보현색신삼매普現色身三昧라고도 함.

화생(化生) 어머니의 태胎를 거치지 않고 생겨남. 여기서는 법에서 태어난다는 뜻.

화성(化城) 신통력으로 만든 성. 번뇌를 막아주는 방편으로 이 성을 만듦.

후오백세(後五百歲) 불멸 후 다섯 번째 5백년을 가리킴. 불법을 위하기보다는 서로 싸우고 이익을 취하기에 바쁜 시기라고 함. 곧 말법시대.

흑산(黑山) 대철위산과 소철위산 사이의 아주 어두운 곳.

희론(戱論) 무의미한 논의.

영험 크고 성취 빠른 각종 사경집 (책 크기 4×6배판)

※ 정성껏 사경하면 큰 가피가 저절로 찾아들고, 업장참회는 물론이요 쉽게 소원을 성취할 수 있습니다. 각 책마다 사경의 방법을 자세하게 설명해 놓았습니다.

광명진언 사경 가로·세로쓰기
(1책으로 1080번 사경) 128쪽 4,000원
모든 불보살님의 총주總呪인 광명진언을 사경하면 그 가피력은 이루 다 말할 수 없을 정도입니다. 하루 108번씩 100일 동안 사경을 행하면 우리에게 크나큰 성취를 안겨주고 심중의 소원이 잘 이루어집니다.

금강경 한글사경 (1책 3번 사경) 144쪽 5,000원
금강경 한문사경 (1책 3번 사경) 144쪽 5,000원
금강경 한문한글사경 (1책 1번 사경) 100쪽 3,500원
요긴하고 으뜸된 경전인 금강경을 사경해 보십시오. 업장소멸과 함께 크나큰 깨달음과 좋은 일들이 저절로 다가옵니다.

반야심경 한글사경 (1책 50번 사경) 116쪽 4,000원
반야심경 한문사경 (1책 50번 사경) 116쪽 4,000원
반야심경을 사경하면 호법신장이 '나'를 지켜주고 공의 도리를 깨달아 평화롭고 안정된 삶이 함께합니다.

법화경 한글사경 (전5책) 권당 4,000원 총 20,000원
법화경을 사경하면 부처님과 대우주법계의 한량없는 가피가 저절로 찾아들어 소원성취·영가천도는 물론이요 깨달음과 경제적인 풍요까지 안겨줍니다.

아미타경 한글사경 (1책 7번 사경) 116쪽 4,000원
살아 생전에 아미타경을 사경하거나, 부모님을 비롯한 가까운 분이 돌아가셨을 때 이 경을 쓰면 극락왕생이 참으로 가까워집니다.

약사경 한글사경 (1책 3번 사경) 112쪽 4,000원
약사경을 사경하면 약사여래의 가피가 저절로 찾아들어, 병환의 쾌차, 집안 평안, 업장소멸을 비롯한 갖가지 소원을 쉽게 성취할 수 있습니다.

관음경 한글사경 (1책 5번 사경) 112쪽 4,000원
관음경을 사경하면 가피가 한량이 없고 늘 행복이 함께 합니다. 학업성취·건강쾌유·자녀의 성공·경제 문제 등에도 영험이 매우 큽니다.

천수경 한글사경 (1책 7번 사경) 112쪽 4,000원
천수경을 사경하고 독송하면 천수관음의 가피가 저절로 찾아들어, 업장 및 고난의 소멸과 갖가지 소원을 쉽게 성취할 수 있습니다.

신묘장구대다라니 사경 (1책 50번 사경) 4,000원
대다라니를 사경하면 관세음보살님과 호법신장들이 '나'와 주위를 지켜주고 소원성취와 동시에, 행복하고 자비심 가득한 마음을 가질 수 있도록 해줍니다.

지장경 한글사경 (1책 1번 사경) 144쪽 5,000원
지장경을 사경하고 영가천도는 물론이요, 각종 장애가 저절로 사라지고 심중의 소원이 성취됩니다. 백일 또는 49일 동안의 사경기도를 감히 권해 봅니다.

보현행원품 한글사경 (1책 3번 사경) 120쪽 4,000원
행원품을 사경하면 자리이타의 삶과 업장 참회, 신통·지혜·복덕·자비 등을 빨리 이룰 수 있고 세세생생 불법과 함께 하며 보살도를 성취할 수 있습니다.

보왕삼매론 사경 (1책 50번 사경) 120쪽 4,000원
보왕삼매론을 사경하면 생활 속의 걸림돌이 디딤돌로 바뀔 뿐 아니라 고난이 사라져 하루하루가 편안해집니다.

관세음보살 명호사경 (1책으로 1만8백번 사경) 208쪽 7,000원
지장보살 명호사경 (1책으로 1만번 사경) 208쪽 7,000원
'관세음보살'이나 '지장보살'의 명호를 쓰면서 입으로 외우고 마음에 새기면, 관세음보살님과 지장보살님의 가피를 입어 몸과 마음이 큰 변화를 이루고, 마음속의 원을 능히 성취할 수 있습니다.

많이 찾는 기도 독송용 경전 (책 크기 4×6배판)		
한글 금강경 / 우룡스님 역	112쪽	4,000원
한글 관음경 / 우룡스님 역	96쪽	3,500원
법화경 (양장본) / 김현준 역	576쪽	20,000원
큰활자본 지장경 / 김현준 역	208쪽	7,000원
한글 약사경 / 김현준 편역	100쪽	3,500원
한글 보현행원품 / 김현준 편역	112쪽	4,000원
자비도량참법 (양장본) / 김현준 역	528쪽	18,000원

아름다운 우리말 경전 (책 크기 휴대용 국반판)		
금강경 / 우룡스님 역	100쪽	2,000원
관음경 / 우룡스님 역	100쪽	2,000원
약사경 / 김현준 편역	100쪽	2,000원
지장경 / 김현준 역	196쪽	3,500원
부모은중경 / 김현준 역	100쪽	2,000원
초발심자경문 / 일타스님 역	100쪽	2,000원
보현행원품 / 김현준 편역	100쪽	2,000원

기도 및 49재 법보시용으로 좋은 책 (책 크기 신국판)

광명진언 기도법 / 일타스님·김현준 180쪽 5,000원
광명진언 속에 새겨진 참의미와 바른 기도법, 빠른 기도성취법 등을 자상하게 설하고, 유형별 기도성취 영험담을 다양하게 수록하였으며, 누구나 보기 쉽도록 큰활자로 발간하였습니다. 광명진언을 외우면 행복과 평화, 영가천도, 소원성취를 이룰 수 있습니다.

생활 속의 기도법 / 일타스님 160쪽 5,000원
불교계 최대의 베스트셀러! 누구나 처할 수 있는 여러 가지 상황에 따른 구체적인 기도방법에서부터 특별기도성취법·영가천도기도법·기도할 때 지녀야 할 마음가짐까지, 자상한 문체로 예화를 섞어 쉽고 재미있게 엮었습니다.

영가천도 / 우룡스님 160쪽 5,000원
돌아가신 영가를 천도해 드렸습니까? 영가천도의 필요성과 기본자세, 염불·독경·사경을 통한 영가천도, 49재, 낙태아 천도 등을 우룡스님의 자상한 법문으로 알기 쉽게 풀어드립니다.

기도성취 백팔문답 / 김현준 240쪽 7,000원
기도에 대한 정의·기도와 믿음·업장소멸의 방법·꾸준한 기도의 효험·원을 세우는 법·축원법·각종 기도가피와 기도성취의 시기·성취를 위한 하심법 下心法 등 기도에 관한 궁금증들을 문답형식으로 자상하게 풀이하였습니다.

불교의 자녀사랑 기도법 / 김현준 160쪽 5,000원
자녀들을 정말 잘 사랑할 수 있는 방법을 부처님의 가르침에 의지하여 쓴 책입니다. 자녀 교육 방법, 자녀를 위한 기도법과 함께 부모님께 효도해야 하는 까닭도 수록하였습니다.

관음신앙·관음기도법 / 김현준 240쪽 7,000원
관음신앙의 뿌리, 관세음보살의 구원능력, 주요 경전 속의 관음관, 자비관음의 여러 모습, 일념염불·독경사경·다라니 염송을 통한 관음기도법 등을 자세하게 풀이하였습니다.

자비도량참법 / 김현준 역 4*6배판 528쪽 18,000원
나의 허물과 죄업의 참회에서 시작하여 부모·스승·친척 등 육도 속을 윤회하는 온 법계 중생의 업장과 무명까지를 모두 소멸시켜 주는 것이 자비도량참법입니다. (양장본)

신묘장구대다라니 기도법 / 우룡스님·김현준 6,000원
신묘장구대다라니를 외우면 생겨나는 가피와 공덕, 기도의 방법과 주의할 점, 우룡스님이 들려주는 14편의 영험담, 대다라니의 근본경전인『무애대비심다라니경』을 수록하고 있는 이 책을 읽고 자신있게 기도하면 심중 소원의 성취와 기적같은 체험도 할 수 있습니다.

기 도 祈禱 / 일타스님 240쪽 7,000원
총 6장 52편의 다양한 기도성취 영험담으로 엮어진 이 책을 읽다 보면 기도를 통해 틀림없이 부처님의 가피를 입을 수 있음을 확신할 수 있게 되고, 올바른 기도법과 함께 기도성취의 지름길을 알 수 있게 됩니다.

기도 이야기 / 우룡스님 204쪽 6,000원
총 6장 45편의 다양한 이야기가 수록된 이 책을 읽고 기도하면 감응의 길이 열리면서 심중소원을 성취하게 됩니다. 또 이야기 끝에 붙인 스님의 해설을 통하여 올바른 기도법을 알 수 있게 됩니다.

기도 성취의 지름길 / 우룡스님 160쪽 4,000원
가족을 위한 기도와 기도 성취의 원리에 초점을 맞춘 감동적인 기도법문입니다. 제1부 「가족 행복을 위한 기도」에서는 가족을 향한 참회와 절의 필요성, 3배 기도의 큰 영험에 대해 일러주고 있으며, 제2부 「빠른 기도 성취의 길」에서는 믿음과 정성이 뒤따라야 기도 성취를 잘할 수 있고, 기도의 고비를 잘 넘겨야 능히 행복과 대해탈의 문이 열린다는 것을 많은 이야기를 곁들여 설하고 있습니다.

미타신앙·미타기도법 / 김현준 160쪽 5,000원
아미타불과 극락의 참 모습, 칭명염불·오회염불·관상염불·천도염불 등의 각종 염불수행법과 함께 임종하는 이를 위한 의식과 49재 기간의 행법 등을 자세히 밝히고 있습니다.

지장신앙·지장기도법 / 김현준 192쪽 6,000원
대원본존 지장보살의 중생을 구제, 영가천도기도법, 자녀를 위한 기도, 평온한 삶을 위한 기도, 소원 성취와 고난 극복을 위한 기도 등을 자세히 설명하고 있습니다.

참회·참회기도법 / 김현준 160쪽 5,000원
참회의 참된 의미, 절·염불을 통한 참회법, 참회인의 마음가짐, 이참법 등을 영험담들과 함께 감동깊게 엮은 책으로, 참회를 통해 행복하고 자유로운 삶을 사는 방법을 열어주고 있습니다.

법보시를 원하시는 분은 출판사로 연락 주십시오. 할인혜택을 드립니다.
전화 02-587-6612, 582-6612 팩스 02-586-9078

편역자 김현준 金鉉埈

　동국대학교 대학원에서 불교학을 전공하고, 한국학중앙연구원에서 한국불교를 연구하였으며, 우리문화연구원 원장과 성보문화재연구원 원장을 역임하였다. 현재 불교신행연구원 원장, 월간 「법공양」 발행인 겸 편집인, 효림출판사와 새벽숲출판사의 주필 및 고문으로 활동하고 있다.
　저서로는 『사찰, 그 속에 깃든 의미』·『생활 속의 반야심경』·『생활 속의 천수경』·『생활 속의 보왕삼매론』·『예불문, 그 속에 깃든 의미』·『육바라밀』·『사성제와 팔정도』·『삼법인·중도』·『인연법』·『사섭법』·『광명진언 기도법』·『신묘장구대다라니 기도법』·『참회·참회기도법』·『불교의 자녀사랑 기도법』·『기도성취 백팔문답』·『참회와 사랑의 기도법』·『미타신앙·미타기도법』·『관음신앙·관음기도법』·『지장신앙·지장기도법』·『석가 우리들의 부처님』·『참 생명을 찾는 경봉스님 가르침』·『선수행의 길잡이』·『아! 일타큰스님』·『바보가 되거라』 등이 있다.
　『자비도량참법』·『약사경』·『지장경』·『육조단경』·『보현행원품』·『부모은중경』을 한글로 번역하였으며, 〈원효의 참회사상〉 등 다수의 논문이 있다.

법화경 제3책

초　판　1쇄 펴낸날　2015년 6월 17일 (초판 3쇄 발행)
개정판　1쇄 펴낸날　2018년 7월 12일
　　　　3쇄 펴낸날　2021년 4월　1일

역　자　김현준
펴낸이　김연지
펴낸곳　효림출판사

등　록　1992년 1월 13일 (제 2-1305호)
주　소　서울특별시 서초구 반포대로14길 30, 907호 (서초동, 센츄리 I)
전　화　02-582-6612, 587-6612
팩　스　02-586-9078
이메일　hyorim@nate.com

값 7,000원

ⓒ 효림출판사 2018

ISBN　979-11-87508-22-9　04220
　　　　979-11-87508-19-9　04220　(세트)

표지 사진 : 성보문화재연구원 제공
※ 잘못 만들어진 책은 바꿔 드립니다.
이 책은 저작권법에 따라 보호를 받는 저작물이므로 무단전재와 무단복제를 금지합니다.